Gebühren-Tabellen

für das

Deutsche Gerichtskostengesetz

und die

Gebührenordnung für Rechtsanwälte

in der vom 1. April 1910 ab geltenden Fassung

nebst erläuternden Vorbemerkungen.

Von

Gustav Ziehl,

Amtsgerichtssekretär.

Berlin 1910.

J. Guttentag, Verlagsbuchhandlung,

G. m. b. H.

Vorwort.

Die Tabellen sind herausgegeben in der Absicht, für die Kostenberechnung ein übersichtliches und zuverlässiges Hilfsmittel zu schaffen. Einer jeden Tabelle sind, nach Geschäften geordnet und unter Hinweis auf die gesetzlichen Bestimmungen, kurze Angaben darüber vorausgeschickt, welche Gebühren im einzelnen zu erheben sind. Die Tabellen sind in der Regel bis 100 000 *M* vollständig durchgeführt; durch eine weitere Ausdehnung würden sie zu umfangreich werden und an Übersichtlichkeit einbüßen. Für höhere, nur selten vorkommende Werte lassen sich die Gebühren nach den angeführten Beispielen (Seite 7, 8 und 40) leicht und sicher ermitteln.

Welche Pauschsätze und welche Schreibgebühren neben den Gebühren anzusetzen sind, ist am Eingang zu den Tabellen für das Deutsche Gerichtskostengesetz und für die Gebührenordnung für Rechtsanwälte eingehend erörtert. Die Frage, ob die Pauschsätze die Eigenschaften der Gebühren oder der Auslagen teilen, ist nicht unzweifelhaft. Ebenso ungeklärt ist die Frage, ob auch die Pauschsätze anzurechnen sind, wenn eine Anrechnung der Gebühren erfolgt, und weiter, ob dann nur Gebühr auf Gebühr und Pauschsatz auf Pauschsatz anzurechnen ist. Es muß hier abgewartet werden, welche Anordnungen die Justizverwaltungen erlassen und wie die Gerichte entscheiden werden.

Berlin, den 18. April 1910.

Der Verfasser.

Inhaltsverzeichnis.

I.

Gebühren-Tabellen

zum

Deutschen Gerichtskostengesetz

in der vom 1. April 1910 ab geltenden Fassung.

Bekanntmachung des Reichskanzlers vom 20. Mai 1898 und Gesetz vom 1. Juni 1909 (RGBl. 1898 S. 659 und 1909 S. 475).

Pauschsatz und Schreibgebühren.

(§ 80 b.)

a) Der **einzelne Pauschsatz** beträgt

10 vom Hundert

einer jeden zum Ansatze gelangenden Gebühr,

jedoch

mindestens 10 Pfennig und höchstens 50 *M*.	Abrundung der Pfennigbeträge auf 10 nach oben.

b) In bürgerlichen Rechtsstreitigkeiten beträgt im Falle der Erhebung einer Klage (also z. B. auch im Falle des § 26 Nr. 8) die Summe der anzusetzenden Pauschsätze

mindestens 50 Pfennig und höchstens 100 *M*	in jeder Instanz.

c) Zu der Instanz gehören im Sinne der Pauschsatzbestimmungen über die Vorschriften für die Gebühren hinaus:

1. das Verfahren infolge Einspruchs gegen ein Versäumnisurteil,

2. das ordentliche Verfahren, welches nach Abstandnahme vom Urkunden- oder Wechselprozeß sowie nach dem mit Vorbehalt in demselben erlassenen Urteil anhängig bleibt,
3. das Verfahren zur Sicherung des Beweises,
4. das Kostenfestsetzungsverfahren,
5. das Verfahren infolge eines Antrags auf Bestimmung einer Frist zur Rückgabe einer Sicherheit und auf Anordnung der Rückgabe einer Sicherheit in den Fällen des § 109 Abs. 1 u. 2 ZPO.,
6. das Mahnverfahren im Falle der Ladung nach Erhebung des Widerspruchs gegen den Zahlungsbefehl oder im Falle des Einspruchs gegen den Vollstreckungsbefehl.

d) Der Pauschsatz ist mit der Gebühr aufs engste verbunden. Ist ein Gebührenansatz zu berichtigen, so ist auch der Pauschsatz zu berichtigen. Wird eine Gebühr angerechnet (§ 35 Nr. 3, § 37 Abs. 3, § 41 Abs. 2) oder niedergeschlagen, so ist auch der Pauschsatz anzurechnen oder niederzuschlagen (selbst im Falle des § 6).

e) Aus dem Abhängigkeitsverhältnis des Pauschsatzes zu der Gebühr sowie daraus, daß der Pauschsatz von einer jeden Gebühr ohne Rücksicht auf die dem Fiskus erwachsenen „Auslagen" zu erheben ist, muß (trotz der Stellung des § 80b im Auslagenabschnitt des Gesetzes) gefolgert werden, daß der Pauschsatz die Eigenschaft einer Gebühr hat; es ist dies auch ferner daraus zu schließen, daß er in der erschöpfenden Aufzählung der Auslagen im § 79 nicht enthalten ist. Die Vorschußpflicht und die Haftung des Zweitschuldners erstreckt sich daher auch auf den Pauschsatz.

Vgl. auch Allgem. Verf. d. Preußischen Herrn Justizministers vom 19. März 1910 (Änderungen und Ergänzungen der Kassenordnung) — JMBl. S. 119.

f) **Schreibgebühren** (20 Pf. für die Seite) können nur noch in den Fällen des § 79 Nr. 1 erhoben werden. Schreibgebühren können z. B. nicht erhoben werden für das Schreibwerk, das infolge einer beantragten Terminsverlegung entsteht. Ebenso können im Falle der sachlichen oder persönlichen Gebührenfreiheit andere Schreibgebühren als die im § 79 Nr. 1 bestimmten nicht berechnet werden.

g) **Porto** kann überhaupt nicht mehr angesetzt werden, auch nicht das Eingangsporto und das Porto für Sendungen nach dem Auslande usw.

Vollmachtstempel in Preußen.

(Tarifstelle 73 LStG.)

Wertgegenstand*) von mehr als 150 ℳ bis einschließlich ℳ	Stempel zur Vollmacht ℳ	Stempel zur Prozeßvollmacht ℳ
500	0,50	0,50
1 000	1	1
3 000	1,50	1,50
6 000	3	2
10 000	5	3
15 000	7,50	4
mehr als 15 000	10	5

Stempel zu einer Generalvollmacht bei einem Werte*) von mehr als 50 000 ℳ jedoch = 20 ℳ.

Ist der Wert einer Vollmacht nicht schätzbar, so beträgt der Stempel 1,50 ℳ.

Steht der Bevollmächtigte in einem Dienstverhältnisse zum Vollmachtgeber, so beträgt der Stempel höchstens 1,50 ℳ.

*) Für die Wertsberechnung sind die Vorschriften des Stempelsteuergesetzes (nicht des Deutschen Gerichtskostengesetzes) maßgebend.

Beispiele zur Benutzung der Tabellen.

Volle Gebühr des § 8 bei einem Wertgegenstande von 928 760 ℳ (Tabelle 1).

A.

1. Gebühr von	100 000 ℳ	. . . .	540,00 ℳ
2. „ „	+ 800 000 „	(10 · 80 000 ℳ)	4 000,00 „
3. „ „	+ 20 000 „	. . . .	100,00 „
4. „ „	+ 8 760 „	(= 10 000 ℳ) .	50,00 „
Gebühr von	**928 760 ℳ**	. . . .	**4 690,00 ℳ**

B.

1.	Stammsatz		40,00 M
2.	Gebühr von + 900 000 M	(10 · 90 000 M)	4 500,00 „
3.	„ „ + 20 000 „		100,00 „
4.	„ „ + 8 760 „	(= 10 000 M) .	50,00 „
	Gebühr von 928 760 M		**4 690,00 M**

Bemerkung: Bei der Berechnung B wird die Tabelle für die Werte von mehr als 100 000 M auf den Gesamtwert angewendet und der Betrag (Stammsatz) hinzugerechnet, welcher sich durch Abrechnung der Gebühr für weitere 100 000 M von der Gebühr für die ersten 100 000 M ergibt.

Um sicher zu gehen, empfiehlt es sich, die Gebührenberechnung nach beiden Beispielen vorzunehmen.

A. Gebühren in bürgerlichen Rechtsstreitigkeiten.

(Tabellen 1 bis 5).

Anwendungsgebiet der Tabelle 1.

Bürgerliche Rechtsstreitigkeiten mit Ausnahme der Urkunden- und Wechselprozesse (Tabelle 4) sowie der in den §§ 26, 27 und 29 bezeichneten Akte (Tabelle 5).

Erste Instanz und Beschwerdeinstanz.

Grundgebühr volle Gebühr des § 8.

Sühneverfahren.

3/10 Sühnetermin nach § 510 c ZPO. (§ 41); unter Umständen Anrechnung auf die Gebühren des nachfolgenden Rechtsstreits.

Andere Sühnetermine, auch die für Ehesachen, sind gebührenfrei.

Zurücknahme vor dem Termine gebührenfrei.

Mahnverfahren.

a) 2/10 Zahlungsbefehl (§ 37 Abs. 1 Nr. 1) } Erlassung und Ablehnung.
b) 1/10 Vollstreckungsbefehl (§ 37 Abs. 1 Nr. 2) } Erlassung und Ablehnung.

Anrechnung auf die Kosten eines entstehenden Rechtsstreits § 37 Abs. 3.

c) 2/100 Zurücknahme des Antrags bei a (§ 37 Abs. 1 Nr. 1, § 46).
d) 1/100 „ „ „ „ b (§ 37 Abs. 1 Nr. 2, § 46).

Gewöhnliche Prozesse, Klagen in Ehe-, Kindschafts- und Entmündigungssachen.

a) 10/10 Verhandlungsgebühr (§ 18 Nr. 1);
vgl. auch § 20 Nr. 1: Ehesachen usw.,

vgl. auch § 20 Nr. 2: vorbereitendes Verfahren,
" " § 21: Fortfall der Verhandlungsgebühr,
" " § 26 Abs. 2: prozeßhindernde Einreden usw. (siehe Seite 22).

b) $^{10}/_{10}$ Beweisgebühr (§ 18 Nr. 2), siehe auch unter d;
vgl. § 22 a: Beweisanordnung vor der mündlichen Verhandlung (§ 501 ZPO.).

c) $^{10}/_{10}$ Entscheidungsgebühr (§ 18 Nr. 3).

d) $^{5}/_{10}$ (halbe) Beweisgebühr
1. wenn die angeordnete Beweisaufnahme weder ganz noch teilweise stattgefunden hat (§ 22 Abs. 1),
2. soweit zur Beilegung des Rechtsstreits ein Vergleich aufgenommen oder auf Grund eines Anerkenntnisses oder Verzichts eine Entscheidung erlassen wird (§ 22 Abs. 2).

e) $^{3}/_{10}$ Entscheidung auf Grund eines Anerkenntnisses oder Verzichts (§ 23 Abs. 1).

f) $^{3}/_{10}$ Vergleich (§ 23 Abs. 2).

g) $^{2}/_{10}$ Verhandlung in dem Termine zur Abnahme des Offenbarungseides vor dem Prozeßgerichte gemäß § 889 ZPO. (§ 43 Abs. 1).

h) $^{1}/_{10}$ Kostenfestsetzungsverfahren, Beschluß auf Festsetzung oder Ablehnung (§ 38 Nr. 1).

i) $^{1}/_{10}$ Bestimmung einer Frist zur Rückgabe und Anordnung der Rückgabe einer Sicherheit in den Fällen des § 109 Abs. 1, 2 ZPO.: stattgebende oder ablehnende Entscheidung (§ 38 Nr. 2).

k) $^{1}/_{10}$ Erteilung der Vollstreckungsklausel auf Anordnung des Vorsitzenden oder Zurücknahme der Vollstreckungsklausel usw. nach § 38 Nr. 3.

Gebühr für Zurücknahme

l) $^{1}/_{10}$ im Falle zu c (§ 18 Nr. 3, § 46) — Klage —,

m) $^{2}/_{100}$ " " " g (§ 43 Abs. 1, § 46),

n) $^{1}/_{100}$ in den Fällen zu h, i, k, (§ 38 Nr. 1 bis 3, § 46).

Wegen der Anträge, betr. Zwangsvollstreckung siehe nächste Seite.

Urkunden- und Wechselprozesse siehe Tabelle 4.

Entmündigungssachen des Amtsgerichts.

a) $^{3}/_{10}$ Entscheidung (§ 34 Nr. 1).

b) $^{3}/_{100}$ Zurücknahme (§ 34 Nr. 1, § 46).

Aufgebotsverfahren.

a) $^{1}/_{10}$ Entscheidung über die Zulässigkeit des Antrags (§ 44 Nr. 1).

b) $^1/_{10}$ Entscheidung über den Antrag auf Anordnung der Zahlungssperre vor der Einleitung des Aufgebotsverfahrens (§ 44 Nr. 2).

c) $^1/_{10}$ Verhandlung im Aufgebotstermine (§ 44 Nr. 3).

d) $^1/_{10}$ Endentscheidung (§ 44 Nr. 4).

e) $^1/_{100}$ Zurücknahme des Antrags auf Einleitung des Aufgebotsverfahrens oder auf Anordnung der Zahlungssperre (§ 44 Nr. 1, 2, § 46).

Arreste und einstweilige Verfügungen.

a) $^2/_{10}$ Anordnung und Aufhebung eines Arrestes oder einer einstweiligen Verfügung (sowie Ablehnung der Anträge), falls nicht § 26 Nr. 9 Anwendung findet (§ 35 Nr. 3).

Anrechnung auf die Gebühr nach § 26 Nr. 9.

b) $^2/_{100}$ Zurücknahme des Antrags (§ 35 Nr. 3, § 46).

Sicherung des Beweises.

Entscheidung über die Anträge, einschl. des Verfahrens (§ 36),

a) $^5/_{10}$ falls die Beweisaufnahme stattfindet,

b) $^3/_{10}$ falls die Beweisaufnahme nicht stattfindet;

c) $^5/_{100}$ Zurücknahme des Antrags (§§ 36, 46).

Schiedsgerichtliches Verfahren.

a) $^3/_{10}$ Vornahme (oder Ablehnung) einer richterlichen Handlung (§ 34 Nr. 2);

b) $^3/_{100}$ Zurücknahme des Antrags (§ 34 Nr. 2, § 46).

Verteilungsverfahren.

a) $^5/_{10}$ bei Durchführung des Verfahrens (§ 42),

b) $^3/_{10}$ im übrigen (§ 42).

Zwangsversteigerung und Zwangsverwaltung sind kostenrechtlich Angelegenheiten der Landesgesetze.

Andere Anträge, betreffend Zwangsvollstreckung.

a) $^2/_{10}$ vorläufige Einstellung, Beschränkung oder Aufhebung einer Zwangsvollstreckung (ebenso Ablehnung) — § 35 Nr. 1 —.

b) $^2/_{10}$ gerichtliche Handlungen der Zwangsvollstreckung — § 35 Nr. 2 —.

c) $^2/_{10}$ Entscheidung über Anträge, Einwendungen oder Erinnerungen, welche die Art und Weise der Zwangsvollstreckung usw. betreffen. — § 35 Nr. 4 —.

d) $^2/_{10}$ Verhandlung zur Abnahme des Offenbarungseides nach §§ 900, 901 ZPO. (§ 43 Abs. 2), falls nicht über einen Widerspruch des Schuldners oder über einen Antrag auf Erzwingung der Eidesleistung (Haftbefehl) zu entscheiden ist (Gebühr hierfür nach § 35 Nr. 2 ebenfalls $^2/_{10}$).

e) $^{2}/_{100}$ Zurücknahme der Anträge zu a, b, c, d (§ 35 Nr. 1, 2, 4, § 43 Abs. 2, § 46).

Diese Gebühren kommen auch zur Erhebung, wenn das Prozeßgericht entscheidet und nach den Vorschriften der Geschäftsordnung die Anträge als besondere Sachen nicht behandelt werden.

Beschwerden in Zivilsachen.

a) $^{3}/_{10}$ Entscheidung in der Beschwerdeinstanz (§ 45).

b) $^{3}/_{100}$ Zurücknahme einer Beschwerde (§§ 45, 46).

Tabelle 1.

Erste Instanz und Beschwerdeinstanz.

Bürgerliche Rechtsstreitigkeiten

mit Ausnahme der Urkunden- und Wechselprozesse (Tabelle 4) sowie der in den §§ 26, 27 und 29 bezeichneten Akte (Tabelle 5).

Grundgebühr volle Gebühr des § 8.

Wertklasse bis einschließlich ℳ	Grundgebühr ℳ	Bruchteile der Grundgebühr in Spalte 2						
		5/10 ℳ	3/10 ℳ	2/10 ℳ	1/10 ℳ	3/100 ℳ	2/100 ℳ	1/100 ℳ
1	2	3	4	5	6	7	8	9
20	1	0,50	0,30	0,20	0,20	0,20	0,20	0,20
60	2,40	1,20	0,80	0,50	0,30	0,20	0,20	0,20
120	4,60	2,30	1,40	1	0,50	0,20	0,20	0,20
200	7,50	3,80	2,30	1,50	0,80	0,30	0,20	0,20
300	11	5,50	3,30	2,20	1,10	0,40	0,30	0,20
450	15	7,50	4,50	3	1,50	0,50	0,30	0,20
650	20	10	6	4	2	0,60	0,40	0,20
900	26	13	7,80	5,20	2,60	0,80	0,60	0,30
1 200	32	16	9,60	6,40	3,20	1	0,70	0,40
1 600	38	19	11,40	7,60	3,80	1,20	0,80	0,40
2 100	44	22	13,20	8,80	4,40	1,40	0,90	0,50
2 700	50	25	15	10	5	1,50	1	0,50
3 400	56	28	16,80	11,20	5,60	1,70	1,20	0,60
4 300	62	31	18,60	12,40	6,20	1,90	1,30	0,70
5 400	68	34	20,40	13,60	6,80	2,10	1,40	0,70

Noch: Tabelle 1. Bürgerliche Rechtsstreitigkeiten erster

Wertklasse bis einschließlich ℳ	Grundgebühr ℳ	Bruchteile der Grundgebühr in Spalte 2						
		5/10 ℳ	3/10 ℳ	2/10 ℳ	1/10 ℳ	3/100 ℳ	2/100 ℳ	1/100 ℳ
1	2	3	4	5	6	7	8	9
6 700	74	37	22,20	14,80	7,40	2,30	1,50	0,80
8 200	81	40,50	24,30	16,20	8,10	2,50	1,70	0,90
10 000	90	45	27	18	9	2,70	1,80	0,90
12 000	100	50	30	20	10	3	2	1
14 000	110	55	33	22	11	3,30	2,20	1,10
16 000	120	60	36	24	12	3,60	2,40	1,20
18 000	130	65	39	26	13	3,90	2,60	1,30
20 000	140	70	42	28	14	4,20	2,80	1,40
22 000	150	75	45	30	15	4,50	3	1,50
24 000	160	80	48	32	16	4,80	3,20	1,60
26 000	170	85	51	34	17	5,10	3,40	1,70
28 000	180	90	54	36	18	5,40	3,60	1,80
30 000	190	95	57	38	19	5,70	3,80	1,90
32 000	200	100	60	40	20	6	4	2
34 000	210	105	63	42	21	6,30	4,20	2,10
36 000	220	110	66	44	22	6,60	4,40	2,20
38 000	230	115	69	46	23	6,90	4,60	2,30
40 000	240	120	72	48	24	7,20	4,80	2,40
42 000	250	125	75	50	25	7,50	5	2,50
44 000	260	130	78	52	26	7,80	5,20	2,60
46 000	270	135	81	54	27	8,10	5,40	2,70
48 000	280	140	84	56	28	8,40	5,60	2,80
50 000	290	145	87	58	29	8,70	5,80	2,90
52 000	300	150	90	60	30	9	6	3
54 000	310	155	93	62	31	9,30	6,20	3,10
56 000	320	160	96	64	32	9,60	6,40	3,20
58 000	330	165	99	66	33	9,90	6,60	3,30
60 000	340	170	102	68	34	10,20	6,80	3,40
62 000	350	175	105	70	35	10,50	7	3,50
64 000	360	180	108	72	36	10,80	7,20	3,60
66 000	370	185	111	74	37	11,10	7,40	3,70
68 000	380	190	114	76	38	11,40	7,60	3,80
70 000	390	195	117	78	39	11,70	7,80	3,90
72 000	400	200	120	80	40	12	8	4
74 000	410	205	123	82	41	12,30	8,20	4,10

Wertklasse bis einschließlich ℳ	Grundgebühr ℳ	Bruchteile der Grundgebühr in Spalte 2						
		5/10 ℳ	3/10 ℳ	2/10 ℳ	1/10 ℳ	3/100 ℳ	2/100 ℳ	1/100 ℳ
1	2	3	4	5	6	7	8	9
76 000	420	210	126	84	42	12,60	8,40	4,20
78 000	430	215	129	86	43	12,90	8,60	4,30
80 000	440	220	132	88	44	13,20	8,80	4,40
82 000	450	225	135	90	45	13,50	9	4,50
84 000	460	230	138	92	46	13,80	9,20	4,60
86 000	470	235	141	94	47	14,10	9,40	4,70
88 000	480	240	144	96	48	14,40	9,60	4,80
90 000	490	245	147	98	49	14,70	9,80	4,90
92 000	500	250	150	100	50	15	10	5
94 000	510	255	153	102	51	15,30	10,20	5,10
96 000	520	260	156	104	52	15,60	10,40	5,20
98 000	530	265	159	106	53	15,90	10,60	5,30
100 000	540	270	162	108	54	16,20	10,80	5,40
usw. **mehr** von weiteren je								
+ 2 000	+ 10	+ 5	+ 3	+ 2	+ 1	+ 0,30	+ 0,20	+ 0,10
+ 4 000	+ 20	+ 10	+ 6	+ 4	+ 2	+ 0,60	+ 0,40	+ 0,20
+ 6 000	+ 30	+ 15	+ 9	+ 6	+ 3	+ 0,90	+ 0,60	+ 0,30
+ 8 000	+ 40	+ 20	+ 12	+ 8	+ 4	+ 1,20	+ 0,80	+ 0,40
+ 10 000	+ 50	+ 25	+ 15	+ 10	+ 5	+ 1,50	+ 1	+ 0,50
+ 20 000	+ 100	+ 50	+ 30	+ 20	+ 10	+ 3	+ 2	+ 1
+ 30 000	+ 150	+ 75	+ 45	+ 30	+ 15	+ 4,50	+ 3	+ 1,50
+ 40 000	+ 200	+ 100	+ 60	+ 40	+ 20	+ 6	+ 4	+ 2
+ 50 000	+ 250	+ 125	+ 75	+ 50	+ 25	+ 7,50	+ 5	+ 2,50
+ 60 000	+ 300	+ 150	+ 90	+ 60	+ 30	+ 9	+ 6	+ 3
+ 70 000	+ 350	+ 175	+ 105	+ 70	+ 35	+ 10,50	+ 7	+ 3,50
+ 80 000	+ 400	+ 200	+ 120	+ 80	+ 40	+ 12	+ 8	+ 4
+ 90 000	+ 450	+ 225	+ 135	+ 90	+ 45	+ 13,50	+ 9	+ 4,50
+ 100 000	+ 500	+ 250	+ 150	+ 100	+ 50	+ 15	+ 10	+ 5
Stammsatz	40	20	12	8	4	1,20	0,80	0,40

Beispiel zur Berechnung bei Werten von mehr als 100 000 ℳ siehe Seite 7 u. 8.

Anwendungsgebiet der Tabellen 2 und 3.

Gewöhnliche Prozesse sowie Klagen in Ehe-, Kindschafts- und Entmündigungssachen in der Berufungsinstanz und in der Revisionsinstanz.

Berufungsinstanz: Grundgebühr $1^1/_4$ der vollen Gebühr des § 8 (Tabelle 2);
Revisionsinstanz: Grundgebühr $1^1/_2$ der vollen Gebühr des § 8 (Tabelle 3).

Von der Grundgebühr der betreffenden Instanz werden erhoben:

a) $^{10}/_{10}$ Verhandlungsgebühr (§ 18 Nr. 1, § 49),
vgl. auch § 20 Nr. 1: Ehesachen usw.,
" " § 20 Nr. 2: vorbereitendes Verfahren,
" " § 21: Fortfall der Verhandlungsgebühr,
" " § 26 Abs. 2: prozeßhindernde Einreden usw. (siehe Seite 22).

b) $^{10}/_{10}$ Beweisgebühr § 18 Nr. 2, § 49 — siehe auch unter d. —
vgl. § 49 Abs. 2: Berücksichtigung der Beweisgebühr erster Instanz.

c) $^{10}/_{10}$ Entscheidungsgebühr (§ 18 Nr. 3, § 49).

d) $^{5}/_{10}$ (halbe) Beweisgebühr
1. wenn die angeordnete Beweisaufnahme weder ganz noch teilweise stattgefunden hat (§ 22 Abs. 1, § 49),
2. soweit zur Beilegung des Rechtsstreits ein Vergleich aufgenommen oder auf Grund eines Anerkenntnisses oder Verzichts eine Entscheidung erlassen wird (§ 22 Abs. 2, § 49).

e) $^{3}/_{10}$ Entscheidung auf Grund eines Anerkenntnisses oder Verzichts (§ 23 Abs. 1, § 49).

f) $^{3}/_{10}$ Vergleich (§ 23 Abs. 2, § 49).

g) $^{2}/_{10}$ Verhandlung in dem Termine zur Abnahme des Offenbarungseides vor dem Prozeßgerichte gemäß § 889 ZPO. (§ 43 Abs. 1, § 49).

h) $^{1}/_{10}$ Bestimmung einer Frist zur Rückgabe und Anordnung der Rückgabe einer Sicherheit in den Fällen des 109 Abs. 1, 2 ZPO.: stattgebende oder ablehnende Entscheidung (§ 38 Nr. 2, § 49).

i) $^{1}/_{10}$ Erteilung der Vollstreckungsklausel auf Anordnung des Vorsitzenden oder Zurücknahme der Vollstreckungsklausel usw. nach § 38 Nr. 3, § 49.

Gebühr für Zurücknahme

k) $^{1}/_{10}$ im Falle zu c (§ 18 Nr. 3, §§ 46, 49);

l) $^{2}/_{100}$ im Falle zu g (§ 43 Abs. 1, §§ 46, 49);

m) $^{1}/_{100}$ in den Fällen zu h, i (§ 38 Nr. 2, 3, §§ 46, 49).

Anträge, betr. Zwangsvollstreckung, Arreste und einstweilige Verfügungen.

a) $^2/_{10}$ vorläufige Einstellung, Beschränkung oder Aufhebung der Zwangsvollstreckung, ebenso Ablehnung (§ 35 Nr. 1, § 49).

b) $^2/_{10}$ Anordnung oder Aufhebung eines Arrestes oder einer einstweiligen Verfügung (sowie Ablehnung der Anträge), falls nicht § 26 Nr. 9 Anwendung findet (§ 35 Nr. 3); Anrechnung auf die Gebühr nach § 26 Nr. 9, § 49.

c) $^2/_{100}$ Zurücknahme der Anträge (§ 35 Nr. 1, 3, §§ 46, 49).

Sicherung des Beweises.

Entscheidung über die Anträge, einschl. des Verfahrens (§§ 36, 49)

a) $^5/_{10}$ falls die Beweisaufnahme stattfindet,

b) $^3/_{10}$ falls die Beweisaufnahme nicht stattfindet;

c) $^5/_{100}$ Zurücknahme des Antrags (§§ 36, 46, 49).

Tabelle 2.

Berufungsinstanz.

Gewöhnliche Prozesse sowie Klagen in Ehe-, Kindschafts- und Entmündigungssachen.

(Grundgebühr $1^1/_4$ der vollen Gebühr des § 8.)

Wertklasse bis einschließlich	Grundgebühr	5/10	3/10	1/10	Wertklasse bis einschließlich	Grundgebühr	5/10	3/10	1/10
		der Grundgebühr in Spalte 2					der Grundgebühr in Spalte 2		
ℳ	ℳ	ℳ	ℳ	ℳ	ℳ	ℳ	ℳ	ℳ	ℳ
1	2	3	4	5	1	2	3	4	5
20	1,30	0,70	0,40	0,20	2 100	55	27,50	16,50	5,50
60	3	1,50	0,90	0,30	2 700	62,50	31,30	18,80	6,30
120	5,80	2,90	1,80	0,60	3 400	70	35	21	7
200	9,40	4,70	2,90	1	4 300	77,50	38,80	23,30	7,80
300	13,80	6,90	4,20	1,40	5 400	85	42,50	25,50	8,50
450	18,80	9,40	5,70	1,90	6 700	92,50	46,30	27,80	9,30
650	25	12,50	7,50	2,50	8 200	101,30	50,70	30,40	10,20
900	32,50	16,30	9,80	3,30	10 000	112,50	56,30	33,80	11,30
1 200	40	20	12	4	12 000	125	62,50	37,50	12,50
1 600	47,50	23,80	14,30	4,80	14 000	137,50	68,80	41,30	13,80

Noch: Tabelle 2. Gewöhnliche Prozesse in der Berufungsinstanz.

Wertklasse bis einschließlich ℳ	Grundgebühr ℳ	5/10 der Grundgebühr in Spalte 2 ℳ	3/10 der Grundgebühr in Spalte 2 ℳ	1/10 der Grundgebühr in Spalte 2 ℳ
1	2	3	4	5
16 000	150	75	45	15
18 000	162,50	81,30	48,80	16,30
20 000	175	87,50	52,50	17,50
22 000	187,50	93,80	56,30	18,80
24 000	200	100	60	20
26 000	212,50	106,30	63,80	21,30
28 000	225	112,50	67,50	22,50
30 000	237,50	118,80	71,30	23,80
32 000	250	125	75	25
34 000	262,50	131,30	78,80	26,30
36 000	275	137,50	82,50	27,50
38 000	287,50	143,80	86,30	28,80
40 000	300	150	90	30
42 000	312,50	156,30	93,80	31,30
44 000	325	162,50	97,50	32,50
46 000	337,50	168,80	101,30	33,80
48 000	350	175	105	35
50 000	362,50	181,30	108,80	36,30
52 000	375	187,50	112,50	37,50
54 000	387,50	193,80	116,30	38,80
56 000	400	200	120	40
58 000	412,50	206,30	123,80	41,30
60 000	425	212,50	127,50	42,50
62 000	437,50	218,80	131,30	43,80
64 000	450	225	135	45
66 000	462,50	231,30	138,80	46,30
68 000	475	237,50	142,50	47,50
70 000	487,50	243,80	146,30	48,80
72 000	500	250	150	50
74 000	512,50	256,30	153,80	51,30

Wertklasse bis einschließlich ℳ	Grundgebühr ℳ	5/10 der Grundgebühr in Spalte 2 ℳ	3/10 der Grundgebühr in Spalte 2 ℳ	1/10 der Grundgebühr in Spalte 2 ℳ
1	2	3	4	5
76 000	525	262,50	157,50	52,50
78 000	537,50	268,80	161,30	53,80
80 000	550	275	165	55
82 000	562,50	281,30	168,80	56,30
84 000	575	287,50	172,50	57,50
86 000	587,50	293,80	176,30	58,80
88 000	600	300	180	60
90 000	612,50	306,30	183,80	61,30
92 000	625	312,50	187,50	62,50
94 000	637,50	318,80	191,30	63,80
96 000	650	325	195	65
98 000	662,50	331,30	198,80	66,30
100 000	675	337,50	202,50	67,50
usw. **mehr** von weiteren je		*)	*)	*)
+ 2 000	+ 12,50	+ 6,25	+ 3,75	+ 1,25
+ 4 000	+ 25	+ 12,50	+ 7,50	+ 2,50
+ 6 000	+ 37,50	+ 18,75	+ 11,25	+ 3,75
+ 8 000	+ 50	+ 25	+ 15	+ 5
+ 10 000	+ 62,50	+ 31,25	+ 18,75	+ 6,25
+ 20 000	+ 125	+ 62,50	+ 37,50	+ 12,50
+ 30 000	+ 187,50	+ 93,75	+ 56,25	+ 18,75
+ 40 000	+ 250	+ 125	+ 75	+ 25
+ 50 000	+ 312,50	+ 156,25	+ 93,75	+ 31,25
+ 60 000	+ 375	+ 187,50	+ 112,50	+ 37,50
+ 70 000	+ 437,50	+ 218,75	+ 131,25	+ 43,75
+ 80 000	+ 500	+ 250	+ 150	+ 50
+ 90 000	+ 562,50	+ 281,25	+ 168,75	+ 56,25
+ 100 000	+ 625	+ 312,50	+ 187,50	+ 62,50
Stammsatz	50	25	15	5

*) Die sich ergebende Gebühr ist nach oben auf 10 abzurunden.

Beispiel zur Berechnung bei Werten von mehr als 100 000 ℳ siehe Seite 7 u. 8.

Tabelle 3.

Revisionsinstanz.

Gewöhnliche Prozesse sowie Klagen in Ehe-, Kindschafts- und Entmündigungssachen.

(Grundgebühr $1\frac{1}{2}$ der vollen Gebühr des § 8.)

Wegen Anwendung der Tabelle siehe Seite 14.

Wertklasse bis einschließlich	Grundgebühr	5/10	3/10	1/10	Wertklasse bis einschließlich	Grundgebühr	5/10	3/10	1/10
		der Grundgebühr in Spalte 2					der Grundgebühr in Spalte 2		
M	M	M	M	M	M	M	M	M	M
1	2	3	4	5	1	2	3	4	5
20	1,50	0,80	0,50	0,20	36 000	330	165	99	33
60	3,60	1,80	1,10	0,40	38 000	345	172,50	103,50	34,50
120	6,90	3,50	2,10	0,70	40 000	360	180	108	36
200	11,30	5,70	3,40	1,20	42 000	375	187,50	112,50	37,50
300	16,50	8,30	5	1,70	44 000	390	195	117	39
450	22,50	11,30	6,80	2,30	46 000	405	202,50	121,50	40,50
650	30	15	9	3	48 000	420	210	126	42
900	39	19,50	11,70	3,90	50 000	435	217,50	130,50	43,50
1 200	48	24	14,40	4,80	52 000	450	225	135	45
1 600	57	28,50	17,10	5,70	54 000	465	232,50	139,50	46,50
2 100	66	33	19,80	6,60	56 000	480	240	144	48
2 700	75	37,50	22,50	7,50	58 000	495	247,50	148,50	49,50
3 400	84	42	25,20	8,40	60 000	510	255	153	51
4 300	93	46,50	27,90	9,30	62 000	525	262,50	157,50	52,50
5 400	102	51	30,60	10,20	64 000	540	270	162	54
6 700	111	55,50	33,30	11,10	66 000	555	277,50	166,50	55,50
8 200	121,50	60,80	36,50	12,20	68 000	570	285	171	57
10 000	135	67,50	40,50	13,50	70 000	585	292,50	175,50	58,50
12 000	150	75	45	15	72 000	600	300	180	60
14 000	165	82,50	49,50	16,50	74 000	615	307,50	184,50	61,50
16 000	180	90	54	18	76 000	630	315	189	63
18 000	195	97,50	58,50	19,50	78 000	645	322,50	193,50	64,50
20 000	210	105	63	21	80 000	660	330	198	66
22 000	225	112,50	67,50	22,50	82 00	675	337,50	202,50	67,50
24 000	240	120	72	24	84 000	690	345	207	69
26 000	255	127,50	76,50	25,50	86 000	705	352,50	211,50	70,50
28 000	270	135	81	27	88 000	720	360	216	72
30 000	285	142,50	85,50	28,50	90 000	735	367,50	220,50	73,50
32 000	300	150	90	30	92 000	750	375	225	75
34 000	315	157,50	94,50	31,50	94,000	765	382,50	229,50	76,50

Noch: Tabelle 3. — Gewöhnliche Prozesse in der Revisionsinstanz.

Wertklasse bis einschließlich	Grundgebühr	5/10 der Grundgebühr in Spalte 2	3/10	1/10	Wertklasse bis einschließlich	Grundgebühr	5/10 der Grundgebühr in Spalte 2	3/10	1/10
M	M	M	M	M	M	M	M	M	M
1	2	3	4	5	1	2	3	4	5
96 000	780	390	234	78	+ 20 000	+ 150	+ 75	+ 45	+ 15
98 000	795	397,50	238,50	79,50	+ 30 000	+ 225	+ 112,50	+ 67,50	+ 22,50
100 000	810	405	243	81	+ 40 000	+ 300	+ 150	+ 90	+ 30
usw.					+ 50 000	+ 375	+ 187,50	+ 112,50	+ 37,50
mehr von weiteren je					+ 60 000	+ 450	+ 225	+ 135	+ 45
					+ 70 000	+ 525	+ 262,50	+ 157,50	+ 52,50
					+ 80 000	+ 600	+ 300	+ 180	+ 60
+ 2 000	+ 15	+ 7,50	+ 4,50	+ 1,50	+ 90 000	+ 675	+ 337,50	+ 202,50	+ 67,50
+ 4 000	+ 30	+ 15	+ 9	+ 3	+ 100 000	+ 750	+ 375	+ 225	+ 75
+ 6 000	+ 45	+ 22,50	+ 13,50	+ 4,50	Stammsatz	60	30	18	6
+ 8 000	+ 60	+ 30	+ 18	+ 6					
+ 10 000	+ 75	+ 37,50	+ 22,50	+ 7,50					

Beispiel zur Berechnung bei Werten von mehr als 100 000 M siehe Seite 7 u. 8.

Anwendungsgebiet der Tabelle 4.

Urkunden- und Wechselprozesse (§ 25).

Erste Instanz: Grundgebühr . . . . . 6/10 der vollen Gebühr des § 8.
Berufungsinstanz: Grundgebühr 1¼ von 6/10 = 3/4 der vollen Gebühr des § 8.
Revisionsinstanz: Grundgebühr 1½ von 6/10 = 9/10 der vollen Gebühr des § 8.

Von der Grundgebühr der betreffenden Instanz werden erhoben:

a) 10/10 Verhandlungsgebühr (§ 18 Nr. 1, § 25),

b) 10/10 Beweisgebühr (§ 18, Nr. 2, § 25) — siehe auch unter d —,

c) 10/10 Entscheidungsgebühr (§ 18, Nr. 3, § 25),

d) 5/10 (halbe) Beweisgebühr

1. wenn die angeordnete Beweisaufnahme weder ganz noch teilweise stattgefunden hat (§ 22 Abs. 1, § 25),
2. soweit zur Beilegung des Rechtsstreits ein Vergleich aufgenommen oder auf Grund eines Anerkenntnisses oder Verzichts eine Entscheidung erlassen wird (§ 22 Abs. 2, § 25),

e) 3/10 Entscheidung auf Grund eines Anerkenntnisses oder Verzichts (§ 23 Abs. 1, § 25),

f) 3/10 Vergleich (§ 23 Abs. 2, § 25),

g) 1/10 Zurücknahme (§ 18 Nr. 3, §§ 25, 46).

In Urkunden- und Wechselprozessen findet die Ermäßigung auf $^{6}/_{10}$ nur bei den Gebühren nach den §§ 18 bis 24 statt; in allen anderen Fällen werden die Gebühren unverkürzt in der für die gewöhnlichen Prozesse festgesetzten Höhe erhoben. Die entsprechenden Gebühren sind insoweit aus den Tabellen 1 bis 3 und 5 zu entnehmen.

Tabelle 4.

Urkunden- und Wechselprozesse (§ 25).

Erste Instanz: Grundgebühr . . . . . $^{6}/_{10}$ }
Berufungsinstanz: Grundgebühr $1^{1}/_{4}$ von $^{6}/_{10} = ^{3}/_{4}$ } der vollen Gebühr des § 8.
Revisionsinstanz: Grundgebühr $1^{1}/_{2}$ von $^{6}/_{10} = ^{9}/_{10}$ }

Wertklasse bis einschließlich	Erste Instanz: Grundgebühr	Erste Instanz: Bruchteile der Grundgebühr in Spalte 2: $^{5}/_{10}$	Erste Instanz: Bruchteile der Grundgebühr in Spalte 2: $^{3}/_{10}$	Erste Instanz: Bruchteile der Grundgebühr in Spalte 2: $^{1}/_{10}$	Berufungsinstanz: Grundgebühr	Berufungsinstanz: $^{5}/_{10}$ der Grundgebühr in Spalte 6	Berufungsinstanz: $^{1}/_{10}$ der Grundgebühr in Spalte 6	Revisionsinstanz: Grundgebühr	Revisionsinstanz: $^{5}/_{10}$ der Grundgebühr in Spalte 9	Revisionsinstanz: $^{1}/_{10}$ der Grundgebühr in Spalte 9
ℳ	ℳ	ℳ	ℳ	ℳ	ℳ	ℳ	ℳ	ℳ	ℳ	ℳ
1	2	3	4	5	6	7	8	9	10	11
20	0,60	0,30	0,20	0,20	0,80	0,40	0,20	0,90	0,50	0,20
60	1,50	0,80	0,50	0,20	1,80	0,90	0,20	2,20	1,10	0,30
120	2,80	1,40	0,90	0,30	3,50	1,80	0,40	4,20	2,10	0,50
200	4,50	2,30	1,40	0,50	5,70	2,90	0,60	6,80	3,40	0,70
300	6,60	3,30	2	0,70	8,30	4,20	0,90	9,90	5	1
450	9	4,50	2,70	0,90	11,30	5,70	1,20	13,50	6,80	1,40
650	12	6	3,60	1,20	15	7,50	1,50	18	9	1,80
900	15,60	7,80	4,70	1,60	19,50	9,80	2	23,40	11,70	2,40
1 200	19,20	9,60	5,80	2	24	12	2,40	28,80	14,40	2,90
1 600	22,80	11,40	6,90	2,30	28,50	14,30	2,90	34,20	17,10	3,50
2 100	26,40	13,20	8	2,70	33	16,50	3,30	39,60	19,80	4
2 700	30	15	9	3	37,50	18,80	3,80	45	22,50	4,50
3 400	33,60	16,80	10,10	3,40	42	21	4,20	50,40	25,20	5,10
4 300	37,20	18,60	11,20	3,80	46,50	23,30	4,70	55,80	27,90	5,60
5 400	40,80	20,40	12,30	4,10	51	25,50	5,10	61,20	30,60	6,20
6 700	44,40	22,20	13,40	4,50	55,50	27,80	5,60	66,60	33,30	6,70
8 200	48,60	24,30	14,60	4,90	60,80	30,40	6,10	72,90	36,50	7,30
10 000	54	27	16,20	5,40	67,50	33,80	6,80	81	40,50	8,10
12 000	60	30	18	6	75	37,50	7,50	90	45	9
14 000	66	33	19,80	6,60	82,50	41,30	8,30	99	49,50	9,90

Noch: Tabelle 4. — Urkunden- und Wechselprozesse.

Wertklasse bis einschließlich	Erste Instanz				Berufungsinstanz			Revisionsinstanz		
	Grundgebühr	Bruchteile der Grundgebühr in Spalte 2: 5/10	3/10	1/10	Grundgebühr	5/10 der Grundgebühr in Spalte 6	1/10 der Grundgebühr in Spalte 6	Grundgebühr	5/10 der Grundgebühr in Spalte 9	1/10 der Grundgebühr in Spalte 9
ℳ	ℳ	ℳ	ℳ	ℳ	ℳ	ℳ	ℳ	ℳ	ℳ	ℳ
1	2	3	4	5	6	7	8	9	10	11
16 000	72	36	21,60	7,20	90	45	9	108	54	10,80
18 000	78	39	23,40	7,80	97,50	48,80	9,80	117	58,50	11,70
20 000	84	42	25,20	8,40	105	52,50	10,50	126	63	12,60
22 000	90	45	27	9	112,50	56,30	11,30	135	67,50	13,50
24 000	96	48	28,80	9,60	120	60	12	144	72	14,40
26 000	102	51	30,60	10,20	127,50	63,80	12,80	153	76,50	15,30
28 000	108	54	32,40	10,80	135	67,50	13,50	162	81	16,20
30 000	114	57	34,20	11,40	142,50	71,30	14,30	171	85,50	17,10
32 000	120	60	36	12	150	75	15	180	90	18
34 000	126	63	37,80	12,60	157,50	78,80	15,80	189	94,50	18,90
36 000	132	66	39,60	13,20	165	82,50	16,50	198	99	19,80
38 000	138	69	41,40	13,80	172,50	86,30	17,30	207	103,50	20,70
40 000	144	72	43,20	14,40	180	90	18	216	108	21,60
42 000	150	75	45	15	187,50	93,80	18,80	225	112,50	22,50
44 000	156	78	46,80	15,60	195	97,50	19,50	234	117	23,40
46 000	162	81	48,60	16,20	202,50	101,30	20,30	243	121,50	24,30
48 000	168	84	50,40	16,80	210	105	21	252	126	25,20
50 000	174	87	52,20	17,40	217,50	108,80	21,80	261	130,50	26,10
52 000	180	90	54	18	225	112,50	22,50	270	135	27
54 000	186	93	55,80	18,60	232,50	116,30	23,30	279	139,50	27,90
56 000	192	96	57,60	19,20	240	120	24	288	144	28,80
58 000	198	99	59,40	19,80	247,50	123,80	24,80	297	148,50	29,70
60 000	204	102	61,20	20,40	255	127,50	25,50	306	153	30,60
62 000	210	105	63	21	262,50	131,30	26,30	315	157,50	31,50
64 000	216	108	64,80	21,60	270	135	27	324	162	32,40
66 000	222	111	66,60	22,20	277,50	138,80	27,80	333	166,50	33,30
68 000	228	114	68,40	22,80	285	142,50	28,50	342	171	34,20
70 000	234	117	70,20	23,40	292,50	146,30	29,30	351	175,50	35,10
72 000	240	120	72	24	300	150	30	360	180	36
74 000	246	123	73,80	24,60	307,50	153,80	30,80	369	184,50	36,90

Noch: Tabelle 4. — Urkunden- und Wechselprozesse.

Wertklasse bis einschließlich	Erste Instanz				Berufungsinstanz			Revisionsinstanz		
	Grundgebühr	Bruchteile der Grundgebühr in Spalte 2			Grundgebühr	5/10	1/10	Grundgebühr	5/10	1/10
		5/10	3/10	1/10		der Grundgebühr in Spalte 6			der Grundgebühr in Spalte 9	
ℳ	ℳ	ℳ	ℳ	ℳ	ℳ	ℳ	ℳ	ℳ	ℳ	ℳ
1	2	3	4	5	6	7	8	9	10	11
76 000	252	126	75,60	25,20	315	157,50	31,50	378	189	37,80
78 000	258	129	77,40	25,80	322,50	161,30	32,30	387	193,50	38,70
80 000	264	132	79,20	26,40	330	165	33	396	198	39,60
82 000	270	135	81	27	337,50	168,80	33,80	405	202,50	40,50
84 000	276	138	82,80	27,60	345	172,50	34,50	414	207	41,40
86 000	282	141	84,60	28,20	352,50	176,30	35,30	423	211,50	42,30
88 000	288	144	86,40	28,80	360	180	36	432	216	43,20
90 000	294	147	88,20	29,40	367,50	183,80	36,80	441	220,50	44,10
92 000	300	150	90	30	375	187,50	37,50	450	225	45
94 000	306	153	91,80	30,60	382,50	191,30	38,30	459	229,50	45,90
96 000	312	156	93,60	31,20	390	195	39	468	234	46,80
98 000	318	159	95,40	31,80	397,50	198,80	39,80	477	238,50	47,70
100 000	324	162	97,20	32,40	405	202,50	40,50	486	243	48,60
usw. mehr von weiteren je						*)	*)			
+ 2 000	+ 6	+ 3	+ 1,80	+ 0,60	+ 7,50	+ 3,75	+ 0,75	+ 9	+ 4,50	+ 0,90
+ 4 000	+ 12	+ 6	+ 3,60	+ 1,20	+ 15	+ 7,50	+ 1,50	+ 18	+ 9	+ 1,80
+ 6 000	+ 18	+ 9	+ 5,40	+ 1,80	+ 22,50	+ 11,25	+ 2,25	+ 27	+ 13,50	+ 2,70
+ 8 000	+ 24	+ 12	+ 7,20	+ 2,40	+ 30	+ 15	+ 3	+ 36	+ 18	+ 3,60
+ 10 000	+ 30	+ 15	+ 9	+ 3	+ 37,50	+ 18,75	+ 3,75	+ 45	+ 22,50	+ 4,50
+ 20 000	+ 60	+ 30	+18	+ 6	+ 75	+ 37,50	+ 7,50	+ 90	+ 45	+ 9
+ 30 000	+ 90	+ 45	+27	+ 9	+112,50	+ 56,25	+11,25	+135	+ 67,50	+13,50
+ 40 000	+120	+ 60	+36	+12	+150	+ 75	+15	+180	+ 90	+18
+ 50 000	+150	+ 75	+45	+15	+187,50	+ 93,75	+18,75	+225	+112,50	+22,50
+ 60 000	+180	+ 90	+54	+18	+225	+112,50	+22,50	+270	+135	+27
+ 70 000	+210	+105	+63	+21	+262,50	+131,25	+26,25	+315	+157,50	+31,50
+ 80 000	+240	+120	+72	+24	+300	+150	+30	+360	+180	+36
+ 90 000	+270	+135	+81	+27	+337,50	+168,75	+33,75	+405	+202,50	+40,50
+ 100 000	+300	+150	+90	+30	+375	+187,50	+37,50	+450	+225	+45
Stammsatz	24	12	7,20	2,40	30	15	3	36	18	3,60

*) Die sich ergebende Gebühr ist nach oben auf 10 abzurunden.

Beispiel zur Berechnung bei Werten von mehr als 100 000 ℳ siehe Seite 7 u. 8.

Anwendungsgebiet der Tabelle 5.

Die in den §§ 26, 27 und 29 bezeichneten Akte in bürgerlichen Rechtsstreitigkeiten.

I.	**Erste Instanz:** Grundgebühr	$^5/_{10}$	der vollen Gebühr des § 8.
	Berufungsinstanz: Grundgebühr . . $1^1/_4$ von $^5/_{10}$ =	$^5/_8$	
	Revisionsinstanz: Grundgebühr . . $1^1/_2$ von $^5/_{10}$ =	$^3/_4$	

Diese Grundgebühren kommen zur Anwendung:

a) bei den Akten nach § 26 als:

1. prozeßhindernde Einreden;
2. Unzuständigkeit des Gerichts, Unzulässigkeit des Rechtsweges, Mangel der Parteifähigkeit, der Prozeßfähigkeit, der Legitimation eines gesetzlichen Vertreters oder der erforderlichen Ermächtigung zur Prozeßführung, sofern dieselben von Amtswegen berücksichtigt sind;
3. Entlassung des Beklagten aus dem Rechtsstreit oder Übernahme des Rechtsstreits durch den Rechtsnachfolger;
4. Aufnahme eines unterbrochenen oder ausgesetzten Verfahrens;
5. Zulässigkeit der Wiedereinsetzung in den vorigen Stand, der Berufung, Revision oder der Wiederaufnahme des Verfahrens oder Zurücknahme eines Rechtsmittels;
6. Einspruch sowie gegen ein Versäumnisurteil eingelegte Rechtsmittel;
7. vorläufige Vollstreckbarkeit eines Urteils;
8. Erteilung der Vollstreckungsklausel, sofern sie im Wege der Klage beantragt oder angefochten wird, oder Einwendungen gegen die Zwangsvollstreckung, welche den Anspruch selbst betreffen, sofern der § 767 Abs. 2 oder § 796 Abs. 2 ZPO. Anwendung findet, oder Zulassung der Zwangsvollstreckung aus dem Urteil eines ausländischen Gerichts oder aus einem Schiedsspruche;
9. Anordnung, Abänderung oder Aufhebung eines Arrestes oder einer einstweiligen Verfügung, sofern die Entscheidung durch Endurteil zu treffen ist (sonst § 35 Nr. 2);
10. Unzulässigkeit des schiedsrichterlichen Verfahrens oder Aufhebung eines Schiedsspruchs.

Ist in den Fällen der Nr. 1, 2 der Kläger abgewiesen, oder in den Fällen der Nr. 5, 6 die Wiedereinsetzung, Berufung, Revision, Wiederaufnahme oder der Einspruch als unzulässig verworfen, so werden für eine Verhandlung zur Hauptsache nur $^5/_{10}$ der Gebühr erhoben, sofern die Entscheidung auf diese Verhandlung ergangen ist (§ 26 Abs. 2).

Treffen für gleiche Akte Gebühren, welche nach § 26 und nach § 18 oder §§ 18, 22, 23 zu berechnen sind, zusammen, so ist nur die höhere der beiden Gebühren zu erheben (§ 28).

b) im Falle des § 29:

Ergänzung eines Urteils, soweit der Antrag zurückgewiesen wird.

Die Gebühr des § 29 wird stets besonders erhoben und durch andere nicht absorbiert.

II. Erste Instanz: Grundgebühr . . . . $^3/_{10}$ — Berufungsinstanz: Grundgebühr . . $1^1/_4$ von $^3/_{10} = {}^3/_8$ — Revisionsinstanz: Grundgebühr . . $1^1/_2$ von $^3/_{10} = {}^9/_{20}$ — der vollen Gebühr des § 8.

Diese Grundgebühren kommen zur Anwendung bei den Akten nach § 27 als:

1. Zulässigkeit einer Nebenintervention,
2. Zwangsvollstreckung zur Erwirkung von Handlungen oder Unterlassungen.

Die Gebühren nach § 27 werden stets besonders erhoben und durch andere nicht absorbiert.

In den vorstehend aufgeführten Fällen (§§ 26, 27 und 29) kommen die gleichen Bruchteile (§ 18 bis 24) zur Erhebung wie bei den gewöhnlichen Prozessen, selbstverständlich unter Zugrundelegung der vorstehend unter I und II angegebenen Grundgebühren (Tabelle 5). Eine Ermäßigung dieser Gebühren in Urkunden- und Wechselprozessen findet nicht statt.

Tabelle 5.

Die in den §§ 26, 27 und 29 bezeichneten Akte in bürgerlichen Rechtsstreitigkeiten.

Grundgebühr siehe unter I Seite 22 und unter II Seite 23.

Wertklasse bis einschließlich	Erste Instanz						Berufungsinstanz		Revisionsinstanz	
	§§ 26 und 29			§ 27						
	Grundgebühr	3/10 der Grundgebühr in Spalte 2	1/10 der Grundgebühr in Spalte 2	Grundgebühr	3/10 der Grundgebühr in Spalte 5	1/10 der Grundgebühr in Spalte 5	§§ 26, 29 Grundgebühr	§ 27 Grundgebühr	§§ 26, 29 Grundgebühr	§ 27 Grundgebühr
M	M	M	M	M	M	M	M	M	M	M
1	2	3	4	5	6	7	8	9	10	11
20	0,50	0,20	0,20	0,30	0,20	0,20	0,70	0,40	0,80	0,50
60	1,20	0,40	0,20	0,80	0,30	0,20	1,50	0,90	1,80	1,10
120	2,30	0,70	0,30	1,40	0,50	0,20	2,90	1,80	3,50	2,10
200	3,80	1,20	0,40	2,30	0,70	0,30	4,70	2,90	5,70	3,40
300	5,50	1,70	0,60	3,30	1	0,40	6,90	4,20	8,30	5
450	7,50	2,30	0,80	4,50	1,40	0,50	9,40	5,70	11,30	6,80
650	10	3	1	6	1,80	0,60	12,50	7,50	15	9
900	13	3,90	1,30	7,80	2,40	0,80	16,30	9,80	19,50	11,70
1 200	16	4,80	1,60	9,60	2,90	1	20	12	24	14,40
1 600	19	5,70	1,90	11,40	3,50	1,20	23,80	14,30	28,50	17,10

Noch: Tabelle 5. — Die Akte der §§ 26, 27 und 29.

Wertklasse bis einschließlich	Erste Instanz						Berufungsinstanz		Revisionsinstanz	
	§§ 26 und 29			§ 27						
	Grundgebühr	3/10 der Grundgebühr in Spalte 2	1/10 der Grundgebühr in Spalte 2	Grundgebühr	3/10 der Grundgebühr in Spalte 5	1/10 der Grundgebühr in Spalte 5	§§ 26, 29 Grundgebühr	§ 27 Grundgebühr	§§ 26, 29 Grundgebühr	§ 27 Grundgebühr
M	M	M	M	M	M	M	M	M	M	M
1	2	3	4	5	6	7	8	9	10	11
2 100	22	6,60	2,20	13,20	4	1,40	27,50	16,50	33	19,80
2 700	25	7,50	2,50	15	4,50	1,50	31,30	18,80	37,50	22,50
3 400	28	8,40	2,80	16,80	5,10	1,70	35	21	42	25,20
4 300	31	9,30	3,10	18,60	5,60	1,90	38,80	23,30	46,50	27,90
5 400	34	10,20	3,40	20,40	6,20	2,10	42,50	25,50	51	30,60
6 700	37	11,10	3,70	22,20	6,70	2,30	46,30	27,80	55,50	33,30
8 200	40,50	12,20	4,10	24,30	7,30	2,50	50,70	30,40	60,80	36,50
10 000	45	13,50	4,50	27	8,10	2,70	56,30	33,80	67,50	40,50
12 000	50	15	5	30	9	3	62,50	37,50	75	45
14 000	55	16,50	5,50	33	9,90	3,30	68,80	41,30	82,50	49,50
16 000	60	18	6	36	10,80	3,60	75	45	90	54
18 000	65	19,50	6,50	39	11,70	3,90	81,30	48,80	97,50	58,50
20 000	70	21	7	42	12,60	4,20	87,50	52,50	105	63
22 000	75	22,50	7,50	45	13,50	4,50	93,80	56,30	112,50	67,50
24 000	80	24	8	48	14,40	4,80	100	60	120	72
26 000	85	25,50	8,50	51	15,30	5,10	106,30	63,80	127,50	76,50
28 000	90	27	9	54	16,20	5,40	112,50	67,50	135	81
30 000	95	28,50	9,50	57	17,10	5,70	118,80	71,30	142,50	85,50
32 000	100	30	10	60	18	6	125	75	150	90
34 000	105	31,50	10,50	63	18,90	6,30	131,30	78,80	157,50	94,50
36 000	110	33	11	66	19,80	6,60	137,50	82,50	165	99
38 000	115	34,50	11,50	69	20,70	6,90	143,80	86,30	172,50	103,50
40 000	120	36	12	72	21,60	7,20	150	90	180	108
42 000	125	37,50	12,50	75	22,50	7,50	156,30	93,80	187,50	112,50
44 000	130	39	13	78	23,40	7,80	162,50	97,50	195	117
46 000	135	40,50	13,50	81	24,30	8,10	168,80	101,30	202,50	121,50
48 000	140	42	14	84	25,20	8,40	175	105	210	126
50 000	145	43,50	14,50	87	26,10	8,70	181,30	108,80	217,50	130,50
52 000	150	45	15	90	27	9	187,50	112,50	225	135
54 000	155	46,50	15,50	93	27,90	9,30	193,80	116,80	232,50	139,50
56 000	160	48	16	96	28,80	9,60	200	120	240	144
58 000	165	49,50	16,50	99	29,70	9,90	206,30	123,80	247,50	148,50
60 000	170	51	17	102	30,60	10,20	212,50	127,50	255	153
62 000	175	52,50	17,50	105	31,50	10,50	218,80	131,30	262,50	157,50
64 000	180	54	18	108	32,40	10,80	225	135	270	162

Noch: Tabelle 5. — Die Akte der §§ 26, 27 und 29.

Wertklasse bis einschließlich	Erste Instanz						Berufungsinstanz		Revisionsinstanz	
	§§ 26 und 29			§ 27						
	Grundgebühr	3/10 der Grundgebühr in Spalte 2	1/10 der Grundgebühr in Spalte 2	Grundgebühr	3/10 der Grundgebühr in Spalte 5	1/10 der Grundgebühr in Spalte 5	§§ 26. 29 Grundgebühr	§ 27 Grundgebühr	§§ 26. 29 Grundgebühr	§ 27 Grundgebühr
M	M	M	M	M	M	M	M	M	M	M
1	2	3	4	5	6	7	8	9	10	11
66 000	185	55,50	18,50	111	33,30	11,10	231,30	138,80	277,50	166,50
68 000	190	57	19	114	34,20	11,40	237,50	142,50	285	171
70 000	195	58,50	19,50	117	35,10	11,70	243,80	146,30	292,50	175,50
72 000	200	60	20	120	36	12	250	150	300	180
74 000	205	61,50	20,50	123	36,90	12,30	256,30	153,80	307,50	184,50
76 000	210	63	21	126	37,80	12,60	262,50	157,50	315	189
78 000	215	64,50	21,50	129	38,70	12,90	268,80	161,30	322,50	193,50
80 000	220	66	22	132	39,60	13,20	275	165	330	198
82 000	225	67,50	22,50	135	40,50	13,50	281,30	168,80	337,50	202,50
84 000	230	69	23	138	41,40	13,80	287,50	172,50	345	207
86 000	235	70,50	23,50	141	42,30	14,10	293,80	176,30	352,50	211,50
88 000	240	72	24	144	43,20	14,40	300	180	360	216
90 000	245	73,50	24,50	147	44,10	14,70	306,30	183,80	367,50	220,50
92 000	250	75	25	150	45	15	312,50	187,50	375	225
94 000	255	76,50	25,50	153	45,90	15,30	318,80	191,30	382,50	229,50
96 000	260	78	26	156	46,80	15,60	325	195	390	234
98 000	265	79,50	26,50	159	47,70	15,90	331,30	198,80	397,50	238,50
100 000	270	81	27	162	48,60	16,20	337,50	202,50	405	243
usw. **mehr von weiteren je**							*)	*)		
+ 2 000	+ 5	+ 1,50	+ 0,50	+ 3	+ 0,90	+ 0,30	+ 6,25	+ 3,75	+ 7,50	+ 4,50
+ 4 000	+ 10	+ 3	+ 1	+ 6	+ 1,80	+ 0,60	+ 12,50	+ 7,50	+ 15	+ 9
+ 6 000	+ 15	+ 4,50	+ 1,50	+ 9	+ 2,70	+ 0,90	+ 18,75	+ 11,25	+ 22,50	+ 13,50
+ 8 000	+ 20	+ 6	+ 2	+ 12	+ 3,60	+ 1,20	+ 25	+ 15	+ 30	+ 18
+ 10 000	+ 25	+ 7,50	+ 2,50	+ 15	+ 4,50	+ 1,50	+ 31,25	+ 18,75	+ 37,50	+ 22,50
+ 20 000	+ 50	+15	+ 5	+ 30	+ 9	+ 3	+ 62,50	+ 37,50	+ 75	+ 45
+ 30 000	+ 75	+22,50	+ 7,50	+ 45	+13,50	+ 4,50	+ 93,75	+ 56,25	+112,50	+ 67,50
+ 40 000	+100	+30	+10	+ 60	+18	+ 6	+125	+ 75	+150	+ 90
+ 50 000	+125	+37,50	+12,50	+ 75	+22,50	+ 7,50	+156,25	+ 93,75	+187,50	+112,50
+ 60 000	+150	+45	+15	+ 90	+27	+ 9	+187,50	+112,50	+225	+135
+ 70 000	+175	+52,50	+17,50	+105	+31,50	+10,50	+218,75	+131,25	+262,50	+157,50
+ 80 000	+200	+60	+20	+120	+36	+12	+250	+150	+300	+180
+ 90 000	+225	+67,50	+22,50	+135	+40,50	+13,50	+281,25	+168,75	+337,50	+202,50
+ 100 000	+250	+75	+25	+150	+45	+15	+312,50	+187,50	+375	+225
Stammsatz	20	6	2	12	3,60	1,20	25	15	30	18

*) Die sich ergebende Gebühr ist nach oben auf 10 abzurunden.

Beispiel zur Berechnung bei Werten von mehr als 100 000 M **siehe Seite 7 u. 8.**

B. Gebühren im Konkursverfahren.

(Tabelle 6.)

Grundgebühr volle Gebühr des § 8.

Aufhebung des Konkursverfahrens

a) 20/10 auf Grund der Schlußverteilung mit Einschluß von Nachtragsverteilungen (§ 51 Nr. 1),

b) 18/10 auf Grund eines Zwangsvergleichs (§ 51 Nr. 2).

Einstellung des Verfahrens

a) 15/10 nach dem Beginn des Vollzugs einer Abschlagszahlung oder

b) 15/10 nach dem Beginn eines Vergleichstermins (§ 51 Nr. 3),

c) 13/10 nach dem Ablaufe der Anmeldefrist, aber vor dem Zeitpunkte zu a und b (§ 51 Nr. 4),

d) 8/10 vor dem Ablaufe der Anmeldefrist (§ 51 Nr. 5).

3/10 Abweisung des Eröffnungsantrags (§ 53 Abs. 1).

1/10 Versagung der Zulassung des Antrags (§ 53 Abs. 2).

1/10 Zurücknahme des zugelassenen Antrags (§ 53 Abs. 2).

10/10 Besonderer Prüfungstermin (§ 54).

3/10 Zurücknahme einer Forderungsanmeldung, welche einen besonderen Prüfungstermin erforderlich macht, vor der Prüfung (§ 54).

3/10 Entscheidung in der Beschwerdeinstanz (§ 57 Abs. 1, § 45).

3/100 Zurücknahme der Beschwerde (§ 57 Abs. 1, §§ 45, 46).

10/10 Wiederaufgenommenes Konkursverfahren (§ 58 Abs. 1).

2/10 Anordnung von Sicherheitsmaßregeln vor der Wiederaufnahme (§ 58 Abs. 2) — Anrechnung dieser Gebühr auf die Gebühr im Falle der Wiederaufnahme (§ 58 Abs. 3) —.

— Die Abhaltung des Offenbarungseidstermins sowie das Verfahren und die Entscheidung über Anträge auf Erzwingung der Eidesleistung sind gebührenfrei (§ 56).

Tabelle 6.

Konkursverfahren.

Grundgebühr volle Gebühr des § 8.

Wertklasse bis einschließlich	Von der vollen Gebühr des § 8 betragen										Wertklasse bis einschließlich
	20/10	18/10	15/10	13/10	10/10	8/10	3/10	2/10	1/10	3/100	
ℳ	ℳ	ℳ	ℳ	ℳ	ℳ	ℳ	ℳ	ℳ	ℳ	ℳ	ℳ
1	2	3	4	5	6	7	8	9	10	11	1
20	2	1,80	1,50	1,30	1	0,80	0,30	0,20	0,20	0,20	20
60	4,80	4,40	3,60	3,20	2,40	2	0,80	0,50	0,30	0,20	60
120	9,20	8,30	6,90	6	4,60	3,70	1,40	1	0,50	0,20	120
200	15	13,50	11,30	9,80	7,50	6	2,30	1,50	0,80	0,30	200
300	22	19,80	16,50	14,30	11	8,80	3,30	2,20	1,10	0,40	300
450	30	27	22,50	19,50	15	12	4,50	3	1,50	0,50	450
650	40	36	30	26	20	16	6	4	2	0,60	650
900	52	46,80	39	33,80	26	20,80	7,80	5,20	2,60	0,80	900
1 200	64	57,60	48	41,60	32	25,60	9,60	6,40	3,20	1	1 200
1 600	76	68,40	57	49,40	38	30,40	11,40	7,60	3,80	1,20	1 600
2 100	88	79,20	66	57,20	44	35,20	13,20	8,80	4,40	1,40	2 100
2 700	100	90	75	65	50	40	15	10	5	1,50	2 700
3 400	112	100,80	84	72,80	56	44,80	16,80	11,20	5,60	1,70	3 400
4 300	124	111,60	93	80,60	62	49,60	18,60	12,40	6,20	1,90	4 300
5 400	136	122,40	102	88,40	68	54,40	20,40	13,60	6,80	2,10	5 400
6 700	148	133,20	111	96,20	74	59,20	22,20	14,80	7,40	2,30	6 700
8 200	162	145,80	121,50	105,30	81	64,80	24,30	16,20	8,10	2,50	8 200
10 000	180	162	135	117	90	72	27	18	9	2,70	10 000
12 000	200	180	150	130	100	80	30	20	10	3	12 000
14 000	220	198	165	143	110	88	33	22	11	3,30	14 000
16 000	240	216	180	156	120	96	36	24	12	3,60	16 000
18 000	260	234	195	169	130	104	39	26	13	3,90	18 000
20 000	280	252	210	182	140	112	42	28	14	4,20	20 000
22 000	300	270	225	195	150	120	45	30	15	4,50	22 000
24 000	320	288	240	208	160	128	48	32	16	4,80	24 000
26 000	340	306	255	221	170	136	51	34	17	5,10	26 000
28 000	360	324	270	234	180	144	54	36	18	5,40	28 000
30 000	380	342	285	247	190	152	57	38	19	5,70	30 000
32 000	400	360	300	260	200	160	60	40	20	6	32 000
34 000	420	378	315	273	210	168	63	42	21	6,30	34 000

Noch: Tabelle 6. — Konkursverfahren.

Wertklasse bis einschließlich	Von der vollen Gebühr des § 8 betragen										Wertklasse bis einschließlich
	20/10	18/10	15/10	13/10	10/10	8/10	3/10	2/10	1/10	3/100	
ℳ	ℳ	ℳ	ℳ	ℳ	ℳ	ℳ	ℳ	ℳ	ℳ	ℳ	ℳ
1	2	3	4	5	6	7	8	9	10	11	1
36 000	440	396	330	286	220	176	66	44	22	6,60	36 000
38 000	460	414	345	299	230	184	69	46	23	6,90	38 000
40 000	480	432	360	312	240	192	72	48	24	7,20	40 000
42 000	500	450	375	325	250	200	75	50	25	7,50	42 000
44 000	520	468	390	338	260	208	78	52	26	7,80	44 000
46 000	540	486	405	351	270	216	81	54	27	8,10	46 000
48 000	560	504	420	364	280	224	84	56	28	8,40	48 000
50 000	580	522	435	377	290	232	87	58	29	8,70	50 000
52 000	600	540	450	390	300	240	90	60	30	9	52 000
54 000	620	558	465	403	310	248	93	62	31	9,30	54 000
56 000	640	576	480	416	320	256	96	64	32	9,60	56 000
58 000	660	594	495	429	330	264	99	66	33	9,90	58 000
60 000	680	612	510	442	340	272	102	68	34	10,20	60 000
62 000	700	630	525	455	350	280	105	70	35	10,50	62 000
64 000	720	648	540	468	360	288	108	72	36	10,80	64 000
66 000	740	666	555	481	370	296	111	74	37	11,10	66 000
68 000	760	684	570	494	380	304	114	76	38	11,40	68 000
70 000	780	702	585	507	390	312	117	78	39	11,70	70 000
72 000	800	720	600	520	400	320	120	80	40	12	72 000
74 000	820	738	615	533	410	328	123	82	41	12,30	74 000
76 000	840	756	630	546	420	336	126	84	42	12,60	76 000
78 000	860	774	645	559	430	344	129	86	43	12,90	78 000
80 000	880	792	660	572	440	352	132	88	44	13,20	80 000
82 000	900	810	675	585	450	360	135	90	45	13,50	82 000
84 000	920	828	690	598	460	368	138	92	46	13,80	84 000
86 000	940	846	705	611	470	376	141	94	47	14,10	86 000
88 000	960	864	720	624	480	384	144	96	48	14,40	88 000
90 000	980	882	735	637	490	392	147	98	49	14,70	90 000
92 000	1 000	900	750	650	500	400	150	100	50	15	92 000
94 000	1 020	918	765	663	510	408	153	102	51	15,30	94 000

Noch: Tabelle 6. — Konkursverfahren.

Wertklasse bis einschließlich	Von der vollen Gebühr des § 8 betragen										Wertklasse bis einschließlich
	20/10	18/10	15/10	13/10	10/10	8/10	3/10	2/10	1/10	3/100	
ℳ	ℳ	ℳ	ℳ	ℳ	ℳ	ℳ	ℳ	ℳ	ℳ	ℳ	ℳ
1	2	3	4	5	6	7	8	9	10	11	1
96 000	1 040	936	780	676	520	416	156	104	52	15,60	96 000
98 000	1 060	954	795	689	530	424	159	106	53	15,90	98 000
100 000	1 080	972	810	702	540	432	162	108	54	16,20	100 000
usw. mehr von weiteren je											usw. mehr von weiteren je
+ 2 000	+ 20	+ 18	+ 15	+ 13	+ 10	+ 8	+ 3	+ 2	+ 1	+ 0,30	+ 2 000
+ 4 000	+ 40	+ 36	+ 30	+ 26	+ 20	+ 16	+ 6	+ 4	+ 2	+ 0,60	+ 4 000
+ 6 000	+ 60	+ 54	+ 45	+ 39	+ 30	+ 24	+ 9	+ 6	+ 3	+ 0,90	+ 6 000
+ 8 000	+ 80	+ 72	+ 60	+ 52	+ 40	+ 32	+ 12	+ 8	+ 4	+ 1,20	+ 8 000
+ 10 000	+ 100	+ 90	+ 75	+ 65	+ 50	+ 40	+ 15	+ 10	+ 5	+ 1,50	+ 10 000
+ 20 000	+ 200	+ 180	+ 150	+ 130	+ 100	+ 80	+ 30	+ 20	+ 10	+ 3	+ 20 000
+ 30 000	+ 300	+ 270	+ 225	+ 195	+ 150	+ 120	+ 45	+ 30	+ 15	+ 4,50	+ 30 000
+ 40 000	+ 400	+ 360	+ 300	+ 260	+ 200	+ 160	+ 60	+ 40	+ 20	+ 6	+ 40 000
+ 50 000	+ 500	+ 450	+ 375	+ 325	+ 250	+ 200	+ 75	+ 50	+ 25	+ 7,50	+ 50 000
+ 60 000	+ 600	+ 540	+ 450	+ 390	+ 300	+ 240	+ 90	+ 60	+ 30	+ 9	+ 60 000
+ 70 000	+ 700	+ 630	+ 525	+ 455	+ 350	+ 280	+ 105	+ 70	+ 35	+ 10,50	+ 70 000
+ 80 000	+ 800	+ 720	+ 600	+ 520	+ 400	+ 320	+ 120	+ 80	+ 40	+ 12	+ 80 000
+ 90 000	+ 900	+ 810	+ 675	+ 585	+ 450	+ 360	+ 135	+ 90	+ 45	+ 13,50	+ 90 000
+ 100 000	+ 1 000	+ 900	+ 750	+ 650	+ 500	+ 400	+ 150	+ 100	+ 50	+ 15	+ 100 000
Stammsatz	80	72	60	52	40	32	12	8	4	1,20	Stammsatz

Beispiel zur Berechnung bei Werten von mehr als 100 000 ℳ **siehe Seite 7 u. 8.**

C. Gebühren in Strafsachen.

(Tabelle 7.)

Strafbefehle.

a) $^{2}/_{10}$ Erlaß eines amtsrichterlichen Strafbefehls, falls er ohne Hauptverhandlung rechtskräftig wird (§ 63 Abs. 1);

b) $^{4}/_{10}$ Verwerfung des Einspruchs in der Hauptverhandlung durch Urteil wegen Ausbleibens des Angeklagten — für das ganze Verfahren — (§ 63 Abs. 2);

c) $^{1}/_{10}$ Verwerfung des Einspruchs als unzulässig (§ 66 Nr. 4);

d) $^{1}/_{10}$ Zurückweisung der Beschwerde im Falle c (§ 66 Nr. 5);

e) $^{3}/_{100}$ Zurücknahme der Beschwerde im Falle c (§ 66 Nr. 5, § 76);

f) $^{3}/_{100}$ Zurücknahme des Einspruchs vor Beginn der Hauptverhandlung (§ 66 Nr. 4, § 76).

Anträge auf gerichtliche Entscheidung nach vorangegangener polizeilicher Strafverfügung oder nach Erlaß eines Strafbescheids einer Verwaltungsbehörde werden kostenrechtlich wie Einsprüche gegen Strafbefehle behandelt (§ 66 Nr. 4).

Anmerkung: Wird infolge Einspruchs durch Urteil rechtskräftig auf Strafe erkannt, so kommen lediglich die nachstehenden Vorschriften für Hauptverfahren zur Anwendung.

Hauptverfahren in erster Instanz (ausgenommen Privatklagesachen).

Es kommen die Sätze des § 62 zur Erhebung — Tabelle 7 —. (Vergl. jedoch Strafbefehle unter b und Anmerkung; Ermäßigungsbefugnis des Gerichts § 64).

Berufung (ausgenommen Privatklagesachen).

a) $^{3}/_{100}$ Zurücknahme vor Beginn der Hauptverhandlung (§ 66 Nr. 2, § 76);

b) $^{1}/_{10}$ Verwerfung als unzulässig (§ 66 Nr. 2);

c) $^{4}/_{10}$ Verwerfung wegen Ausbleibens des Angeklagten (§ 65 Abs. 3);

d) $^{4}/_{10}$ Verwerfung der Berufung gegen ein Urteil, durch welches der Einspruch gegen einen Strafbefehl verworfen ist (§ 65 Abs. 3);

e) $^{10}/_{10}$ Hauptverhandlung in der Berufungsinstanz, falls nicht b, c und d in Frage kommen (§ 65 Abs. 1, Ermäßigungsbefugnis des Gerichts § 65 Abs. 2).

Nebenkläger siehe unter Privatklagen.

Revision (ausgenommen Privatklagesachen).

Es werden die gleichen Sätze wie bei einer Berufung erhoben (vgl. dort a, b und e) — § 65 Abs. 1. —

Privatklagen in erster Instanz.

a) Zurückweisung (§ 71 Nr. 5) . . . . 3,00 ℳ

b) Beschwerde über Zurückweisung
   1. Verwerfung (§ 71 Nr. 6) . . . . 3,00 M
   2. Zurücknahme (§ 71 Nr. 6, § 76) . . . . 0,90 "

c) Zurücknahme der Privatklage vor Beginn der Hauptverhandlung (§ 72) . . . . 2,00 "

d) Einstellung nach Beginn der Hauptverhandlung (§ 70 Abs. 1 Nr. 1) : . . . . 5,00 "

e) Beendigung durch Urteil (außer zu d)
   1. ohne Beweisaufnahme (§ 70 Abs. 1 Nr. 2) . . 15,00 "
   2. nach stattgehabter Beweisaufnahme (§ 70 Abs. 1 Nr. 3) 20,00 "

Berufung in Privatklagesachen.

a) Zurücknahme der Berufung vor Beginn der Hauptverhandlung (§ 71 Nr. 1, § 66 Nr. 2, § 76) . . . . 0,60 M

b) Verwerfung der Berufung als unzulässig (§ 71 Nr. 1, § 66 Nr. 2) . . . . 2,00 "

c) Zurücknahme der Privatklage vor Beginn der Hauptverhandlung (§ 72) . . . . 2,00 "

d) Einstellung nach Beginn der Hauptverhandlung (§ 70 Abs. 1 Nr. 1 und Abs. 2) . . . . 5,00 "

e) Beendigung durch Urteil (außer zu d)
   1. ohne Beweisaufnahme, auch Verwerfung der Berufung wegen Ausbleibens, (§ 70 Abs. 1 Nr. 2, Abs. 2) . . . . 15,00 "
   2. nach stattgehabter Beweisaufnahme (§ 70 Abs. 1 Nr. 3, Abs. 2) . . . . 20,00 "

Revision in Privatklagesachen.

Es finden die Vorschriften für Berufung entsprechende Anwendung (vgl. dort unter a, b, d und e 1).

In Privatklagesachen verdoppeln sich die Sätze, wenn **mehrere Personen als Privatkläger oder als Beschuldigte** in derselben Instanz beteiligt sind (§ 73).

Ein **Nebenkläger** gilt hinsichtlich der ihm auferlegten Kosten eines Rechtsmittels als Privatkläger (§§ 70, 71, 73 und 74).

Wegen der **sonstigen Gebühren in Privatklagesachen** siehe die Übersicht Seite 33.

Sonstige Kosten in Strafsachen.

a) Verwerfung der Beschwerde des Verletzten (§§ 172, 175 StPO.) — durch das Oberlandesgericht (Reichsgericht) — gegen den Bescheid des Oberstaatsanwalts (Oberreichsanwalts) über die Ablehnung der Strafverfolgung oder über die Einstellung des Verfahrens (§ 69 Abs. 1) sowie Zurücknahme der Beschwerde (§ 69 Abs. 1, § 76):

	Verwerfung	Zurücknahme
	der Beschwerde:	
bei einer Übertretung	20 M	6 M
„ einem Vergehen	50 „	15 „
„ „ Verbrechen	100 „	30 „

b) Dieselben Sätze (zu a) werden erhoben:

1. wenn das Oberlandesgericht (Reichsgericht) auf Beschwerde des Verletzten die Erhebung der öffentlichen Klage beschließt, der Angeschuldigte aber außer Verfolgung gesetzt oder freigesprochen wird, oder aber wenn die Einstellung des Verfahrens erfolgt und das Gericht den Antragsteller nicht ganz oder teilweise von Tragung der Kosten entbindet (§ 69 Abs. 1 D.GKG., § 504 StPO.),
2. wenn ein Verfahren durch eine wider besseres Wissen gemachte oder auf grober Fahrlässigkeit beruhende Anzeige veranlaßt worden ist und das Gericht dem Anzeigenden die Kosten auferlegt hat (§ 69 Abs. 2 D.GKG., § 501 StPO.).

c) Einstellung des Verfahrens nach eröffnetem Hauptverfahren infolge Zurücknahme des Strafantrags (§ 69 Abs. 3)

bei einer Übertretung	10 M
„ einem Vergehen	25 „
„ „ Verbrechen	50 „

d) Dieselben Sätze (zu c) werden erhoben, wenn die nach § 174 StPO. erforderte Sicherheit binnen der bestimmten Frist nicht geleistet ist und infolgedessen das Gericht den Antrag auf Eröffnung des Hauptverfahrens für zurückgenommen erklärt (§ 69 Abs. 3).

— In den Fällen zu c und d tritt die Kostenpflicht ohne besonderen Gerichtsbeschluß ein —.

e) Im selbständigen Verfahren auf Einziehung und Beschlagnahme (§§ 477 bis 479 StPO.) werden für jede Instanz 5 M Gebühr erhoben (§ 75).

f) Nach den Vorschriften für bürgerliche Rechtsstreitigkeiten werden die Gebühren berechnet (§ 78) für Akte und Entscheidungen, betreffend

1. die durch Verschulden eines Verteidigers veranlaßten Kosten (§ 78 Nr. 1),
2. Anträge auf Kostenfestsetzung (§ 78 Nr. 2a),
3. Vollstreckung einer Entscheidung über eine Vermögensstrafe, eine Buße oder über die Erstattung von Kosten (§ 78 Nr. 2b),
4. Beschwerde gegen eine Entscheidung, durch welche der Verfall einer zur Abwendung einer Untersuchungshaft oder zur Erlangung eines Strafaufschubs bestellten Sicherheit ausgesprochen wird (§ 78 Nr. 2c).

g) Im übrigen ergeben sich die Gebühren aus nachfolgender Übersicht:

	Es werden erhoben für	im Falle der öffentlichen Klage *)	im Falle der Privatklage **) ℳ
1.	Verwerfung eines Gesuchs um Wiedereinsetzung in den vorigen Stand (§ 66 Nr. 1, § 71 Nr. 1)	$^1/_{10}$	2
2.	Verwerfung der Berufung oder der Revision als unzulässig (§ 66 Nr. 2, § 71 Nr. 1) . .	$^1/_{10}$	2
3.	Verwerfung des Antrags auf Wiederaufnahme des Verfahrens als unzulässig (§ 66 Nr. 3, § 71 Nr. 1)	$^1/_{10}$	2
4.	Verwerfung des Antrags auf Wiederaufnahme des Verfahrens als unbegründet		
	a) ohne Beweisaufnahme (§ 67 Abs. 1, § 71 Nr. 2)	$^2/_{10}$	4
	b) nach Beweisaufnahme (§ 67 Abs. 1, § 71 Nr. 2)	$^4/_{10}$	8
5.	Zurückweisung von Beschwerden		
	a) in den Fällen zu 1 bis 4 (§ 66 Nr. 5, § 67 Abs. 2, § 71 Nr. 1, 3)	$^1/_{10}$	2
	b) im übrigen — siehe jedoch Strafbefehle unter d und Privatklagen unter b — (§ 68, § 71 Nr. 4) .	1 ℳ	1
6.	Zurücknahme der Gesuche, Anträge oder Beschwerden in den Fällen zu 1, 2, 3 und 5a (§ 76)	$^8/_{100}$	0,60
7.	Zurücknahme einer Beschwerde im Falle zu 5b (§ 76)	0,30 ℳ	0,30

*) Bruchteile der Gebühr des § 62 (Tabelle 7).

**) Die Sätze verdoppeln sich, wenn mehrere Personen als Privatkläger oder als Beschuldigte beteiligt sind (§ 73).

Tabelle 7.

Strafsachen.

Nach § 62 beträgt bei einer rechtskräftig erkannten Geldstrafe bis einschließlich ℳ	Freiheitsstrafe bis einschließlich	die Gebühr ℳ	Bruchteile der Gebühr des § 62: 4/10 ℳ	2/10 ℳ	1/10 ℳ	3/100 ℳ
20	10 Tagen .	5	2	1	0,50	0,20
30	14 „ .	10	4	2	1	0,30
60	4 Wochen .	20	8	4	2	0,60
150	6 „ .	30	12	6	3	0,90
300	3 Monaten	45	18	9	4,50	1,40
500	6 „	60	24	12	6	1,80
1 000	1 Jahre .	75	30	15	7,50	2,30
1 500	2 Jahren .	100	40	20	10	3
3 000	3 „ .	130	52	26	13	3,90
mehr als 3 000	10 „ .	180	72	36	18	5,40
bei einer schwereren Strafe		300	120	60	30	9
bei einem Verweise		5	2	1	0,50	0,20
falls ausschließlich auf Verlust der bürgerlichen Ehrenrechte überhaupt oder einzelner bürgerlicher Ehrenrechte erkannt ist		45	18	9	4,50	1,40

Die Gebühr darf nicht mehr betragen als die Geldstrafe.

Forstdiebstahlssachen in Preußen (Ges. v. 15. 4. 1878 (Ges.S. S. 222).

Nach § 121 Preußischen GKG. finden die Vorschriften des Deutschen GKG. Anwendung mit folgenden Maßgaben:

1. für jede Instanz, in welcher eine Hauptverhandlung stattgefunden hat, werden nur 4/10 der Sätze des § 62 Deutschen GKG. erhoben, falls nicht auf Grund der §§ 6 und 8 Forstdiebst.Ges. (strafschärfender Forstdiebstahl) auf Strafe erkannt ist (§ 121 Nr. 1);
2. in erster Instanz werden nur 2/10 der Sätze des § 62 erhoben, falls sogleich zur Hauptverhandlung geschritten ist, obwohl der

Erlaß eines Strafbefehls zulässig war, und die Verurteilung auf sofortiges Geständnis ohne Beweisaufnahme erfolgt ist (§ 121 Nr. 2);

3. höchstens 5 ℳ beträgt die Gebühr in jeder Instanz im Falle der Einziehung von Holz nach § 17 Forstdiebst.Ges.; der Wert des Holzes ist für die Höhe der Gebühr maßgebend (§ 21 Nr. 3).

II.

Gebühren-Tabellen

zu der

Gebührenordnung für Rechtsanwälte

in der vom 1. April 1910 ab geltenden Fassung.

Bekanntmachung des Reichskanzlers vom 20. Mai 1898 und Gesetz vom 1. Juni 1909 (RGBl. 1898 S. 692 und 1909 S. 475).

Ausdehnung

der Deutschen Gebühren-Ordnung für Rechtsanwälte durch preußisches Landesgesetz.

Nach Artikel 2 des preußischen Gesetzes, enthaltend die landesgesetzlichen Vorschriften über die Gebühren der Rechtsanwälte usw. vom 27. 9. 1899 GesS. S. 381 / 21. 3. 1910 GesS. S. 15*) findet die Deutsche GebO. f. RA. entsprechende Anwendung auf die Berufstätigkeit des RA.

1. in den vor besondere Gerichte gehörigen Rechtssachen, auf welche die Zivilprozeßordnung oder die Strafprozeßordnung Anwendung findet (z. B. die Rheinschiffahrtsgerichte und die Elbzollgerichte);
2. in den nach dem Forstdiebstahlsgesetze vom 15. April 1878 (GesS. S. 222) zu behandelnden Strafsachen;
3. im Verwaltungsstreitverfahren;
4. im Verfahren vor dem Bundesamte für das Heimatwesen;
5. in dem Rechtsmittelverfahren, betreffend die Veranlagung von Staatssteuern;
6. im Verwaltungsstrafverfahren;
7. im Disziplinarverfahren.

Das Verwaltungsstrafverfahren steht kostenrechtlich dem Vorverfahren, das Verfahren vor der entscheidenden Disziplinarbehörde dem Verfahren vor der Strafkammer gleich.

*) Das Gesetz vom 21. März 1910 (ausgegeben zu Berlin am 22. März 1910) hat Gesetzeskraft vom 5. April 1910 ab.

Pauschsatz und Schreibgebühren.

(§ 76.)

a) Der **einzelne Pauschsatz** beträgt

20 vom Hundert

der zum Ansatze gelangenden Gebühr,

jedoch

mindestens 50 Pfennig und höchstens 30 *M*, } Abrundung der Pfennigbeträge auf 10 nach oben,

in der Zwangsvollstreckungsinstanz mindestens 2 *M*.

b) Steht dem als Prozeßbevollmächtigten bestellten Rechtsanwalte nach § 13 Nr. 1, §§ 19, 52 die **Prozeßgebühr** zu, so beträgt die Summe der anzusetzenden Pauschsätze

mindestens 4 *M* und höchstens 50 *M* } in jeder Instanz

und, wenn ihm auch nach § 13 Nr. 4, §§ 19, 52

die **Beweisgebühr** oder nach § 13 Nr. 3, §§ 19, 52

die **Vergleichsgebühr** zusteht,

mindestens 6 *M* und höchstens 60 *M* } in jeder Instanz.

c) Zu der Instanz im Sinne der Pauschsatzbestimmungen gehören über die Vorschriften für die Gebühren hinaus:

1. im Falle der Zurückverweisung einer Sache an das Gericht unterer Instanz das weitere Verfahren vor diesem Gerichte;

2. das Verfahren über den Einspruch gegen ein Versäumnisurteil im Falle der Zurücknahme oder der Verwerfung des Einspruchs;

3. das Verfahren über einen Antrag auf Anordnung, Abänderung oder Aufhebung eines Arrestes oder einer einstweiligen Verfügung, wenn es mit dem Verfahren über die Hauptsache verbunden ist;

4. das ordentliche Verfahren, welches nach Abstandnahme vom Urkunden- oder Wechselprozesse sowie nach dem mit Vorbehalt in demselben erlassenen Urteil anhängig bleibt;
5. das Kostenfestsetzungsverfahren;
6. das Verfahren auf Bestimmung einer Frist zur Rückgabe und auf Anordnung der Rückgabe einer Sicherheit in den Fällen des § 109 Abs. 1, 2 ZPO.

d) In den Fällen der §§ 43 und 45 werden die dem Prozeßbevollmächtigten und dem anderen RA. zustehenden Pauschsätze nach der Summe der beiden Anwälten zustehenden Gebühren berechnet (d. h. die jedem einzeln zustehenden Pauschsätze werden zusammengerechnet). Von dem Betrage dieser Pauschsätze erhält

der Prozeßbevollmächtigte $^2/_3$,

der andere Rechtsanwalt $^1/_3$.

e) Steht dem als Verteidiger oder als Vertreter eines Privatklägers, eines Nebenklägers oder einer Verwaltungsbehörde bestellten RA. die Gebühr für Verteidigung (Vertretung) in der Hauptverhandlung zu, so beträgt der Pauschsatz

mindestens 4 *M*.

f) Vergleiche im übrigen wegen Anrechnung der Pauschsätze usw. die Ausführungen auf Seite 6 bei den Pauschsätzen nach dem D.GKG.

g) **Schreibgebühren** können lediglich in den Fällen 1 bis 3 des § 76 Abs. 6 berechnet werden. Die Schreibgebühr beträgt für den Regelfall 20 Pf. für eine Seite, welche mindestens 20 Zeilen von durchschnittlich 12 Silben enthält; jede angefangene Seite wird als voll berechnet.

h) Das **Porto** des RA. (d. h. seiner eigenen Sendungen) fällt unter den Pauschsatz.

Vollmachtstempel in Preußen.

(Tarifstelle 73 LStG.)

Wertgegenstand*) von mehr als 150 M bis einschließlich M	Stempel zur Vollmacht M	Stempel zur Prozeßvollmacht M
500	0,50	0,50
1 000	1	1
3 000	1,50	1,50
6 000	3	2
10 000	5	3
15 000	7,50	4
mehr als 15 000	10	5

Stempel zu einer Generalvollmacht bei einem Werte*) von mehr als 50 000 M jedoch = 20 M.

Ist der Wert einer Vollmacht nicht schätzbar, so beträgt der Stempel 1,50 M.

Steht der Bevollmächtigte in einem Dienstverhältnisse zum Vollmachtgeber, so beträgt der Stempel höchstens 1,50 M.

*) Für die Wertsberechnung sind die Vorschriften des Stempelsteuergesetzes maßgebend.

Tagegelder und Reisekosten

der Rechtsanwälte bei Geschäftsreisen (§ 78).

1.	Tagegelder (Kalendertag)	12,00 M
2.	Nachtquartier	5,00 „
3.	Fuhrkosten bei einer Entfernung von 2 km und mehr	
	a. Eisenbahn (Dampfschiff) für jedes km .	0,13 „
	außerdem für jeden Zu- und Abgang	3,00 „
	b. Landweg für jedes km	0,60 „

Eine Abrundung auf 8 km findet nicht statt.

Beispiele zur Benutzung der Tabellen.

Prozeßgebühr erster Instanz bei einem Wertgegenstande von 842 650 ℳ.

A.

1. Gebühr von	100 000 ℳ	. . . .	219,00 ℳ
2. „ „	+ 700 000 „	(10 · 70 000 ℳ)	700,00 „
3. „ „	+ 40 000 „	. . . .	40,00 „
4. „ „	+ 2 650 „	(= 4 000 ℳ) .	4,00 „
Gebühr von	**842 650** ℳ	. . . .	**963,00** ℳ

B.

1. Stammsatz	. . . .	. . . .	119,00 ℳ
2. Gebühr von	+ 800 000 ℳ	(10 · 80 000 ℳ)	800,00 „
3. „ „	+ 40 000 „	. . . .	40,00 „
4. „ „	+ 2 650 „	(= 4 000 ℳ) .	4,00 „
Gebühr von	**842 650** ℳ	. . . .	**963,00** ℳ

Bemerkung. Bei der Berechnung B wird die Tabelle auf den Gesamtwert für die Werte von mehr als 100 000 ℳ angewendet und der Betrag (Stammsatz) hinzugerechnet, welcher sich durch Abrechnung der Gebühr für weitere 100 000 ℳ von der Gebühr für die ersten 100 000 ℳ ergibt.

Um sicher zu gehen, empfiehlt es sich, die Gebührenberechnung nach beiden Beispielen vorzunehmen.

Anwendungsgebiet der Tabellen 8 bis 10.

A. Bürgerliche Rechtsstreitigkeiten erster Instanz (Tabelle 8).

Grundgebühr volle Gebühr des § 9.

Sühneverfahren (§ 37).

a) $^{3}/_{10}$ Vertretung in dem Verfahren, falls es nicht zum Vergleich kommt.
Anrechnung auf die Prozeßgebühr im Falle der Verhandlung des Rechtsstreits vor dem Amtsgerichte.

b) $^{10}/_{10}$ Vertretung in dem Verfahren, wenn im Falle des § 510c ZPO. ein Vergleich geschlossen ist.

Mahnverfahren (§ 38).

a) $^{10}/_{10}$ für die Vertretung des Gläubigers (Zahlungs- und Vollstreckungsbefehl).

b) $^{2}/_{10}$ für die Erhebung des Widerspruchs.
Anrechnung auf die Prozeßgebühr { zu a mit $^{7}/_{10}$, zu b ganz.

Gewöhnliche Prozesse, Klagen in Ehe-, Kindschafts- und Entmündigungssachen.

a) Prozeßgebühr.

1. $^{10}/_{10}$ für den gesamten Geschäftsbetrieb einschließlich der Information (§ 13 Nr. 1).

Erhöhung bei nachträglichem Beitritt von Streitgenossen (§ 51).

2. $^{5}/_{10}$ bei Erledigung vor der mündlichen Verhandlung, ohne daß der RA. die Klage eingereicht hat oder einen Schriftsatz hat zustellen lassen (§ 14 Abs. 1).

3. $^{5}/_{10}$ wenn die Tätigkeit des RA. ausschließlich die Erledigung eines bedingten Urteils betrifft (§ 21).

4. $^{5}/_{10}$ falls einem RA. von der Partei oder auf deren Verlangen von ihrem Prozeßbevollmächtigten lediglich die Vertretung in der mündlichen Verhandlung oder die Ausführung der Parteirechte in derselben übertragen ist (§ 43).

5. $^{10}/_{10}$ als Korrespondenzanwalt; jedoch nur $^{5}/_{10}$, falls ihm in unterer Instanz die Korrespondenzgebühr oder die Prozeßgebühr zustand (§ 44).

6. $^{5}/_{10}$ wenn der RA. nur mit der Vertretung in der Beweisaufnahme beauftragt ist (vgl. § 45).

7. $^{5}/_{10}$ wenn der RA. lediglich einen Schriftsatz anfertigt (§ 46).

8. $^{3}/_{10}$ für Raterteilung (§ 47 Abs. 1) seitens des nicht zum Prozeßbevollmächtigten bestellten RA.

9. $^{5}/_{10}$ wenn der RA., welcher mit Einlegung der Berufung oder der Revision beauftragt ist, von der Einlegung abrät und der Auftraggeber seinen Auftrag zurücknimmt (§ 47 Abs. 2).

Wegen Anrechnung der Gebühren, wegen der Zulässigkeit des Ansatzes mehrerer Gebühren nebeneinander vgl. §§ 27, 29, 48, 49.

b) Verhandlungsgebühr.

1. $^{10}/_{10}$ kontradiktorische Verhandlung (§ 13 Nr. 2).

Diese Gebühr erhält der RA. auch in Ehesachen, in Prozessen über die Rechtsverhältnisse zwischen Eltern und Kindern, in Entmündigungssachen des Landgerichts, sowie in der Anfechtungsklage gegen eine Todeserklärung, falls der Kläger verhandelt; ferner auch für die Verhandlung im vorbereitenden Verfahren, vgl. § 16.

2. wenn nach der Beweiserhebung im Sinne des § 13 Nr. 4 weiterverhandelt wird und zwar

$1^{1}/_{2}$ kontradiktorisch
$1^{1}/_{4}$ nicht kontradiktorisch
} einschließlich der Verhandlung vor der Beweiserhebung (§ 17).

3. $^{5}/_{10}$ für eine sonstige nicht kontradiktorische Verhandlung (§ 16 Abs. 1; vgl. jedoch unter 1 und 2 vorstehend).

c) Beweisgebühr.

$^5/_{10}$ für Vertretung in dem Termine zur Leistung des durch Urteil auferlegten Eides sowie in einem Beweisaufnahmeverfahren im Sinne des § 13 Nr. 4.

d) Vergleichsgebühr.

$^{10}/_{10}$ für Mitwirkung bei einem zur Beilegung des Rechtsstreits geschlossenen Vergleiche (§ 13 Nr. 3).

Urkunden- und Wechselprozesse.

a) $^6/_{10}$ Prozeßgebühr, wenn eine kontradiktorische Verhandlung nicht stattfindet (§ 19).

b) $^3/_{10}$ Verhandlungsgebühr ($^6/_{10}$ von $^5/_{10}$) für die nicht kontradiktorische Verhandlung (§ 19).

Im übrigen stehen dem RA. dieselben Gebühren zu wie in gewöhnlichen Prozessen.

Anrechnung der Prozeßgebühr zu a auf die Prozeßgebühr im nachfolgenden ordentlichen Verfahren (§ 28 Abs. 1).

Entmündigungssachen vor dem Amtsgerichte.

Die Sätze für gewöhnliche Prozesse sind mangels anderweiter Bestimmungen entsprechend anzuwenden.

Aufgebotsverfahren.

a) $^3/_{10}$ für den Betrieb des Verfahrens, einschließlich der Information (§ 40 Abs. 1 Nr. 1).

b) $^3/_{10}$ für den Antrag auf Erlaß des Aufgebots (das. Nr. 2).

c) $^3/_{10}$ für den Antrag auf Anordnung der Zahlungssperre, sofern derselbe vor dem Antrag zu 2 gestellt wird (das. Nr. 3).

d) $^3/_{10}$ für die Wahrnehmung des Aufgebotstermins (das. Nr. 4);

zu a bis d als Vertreter des Antragstellers.

e) $^3/_{10}$ für die gesamte Tätigkeit als Vertreter einer anderen Person als des Antragstellers (§ 40 Abs. 2).

Arreste und einstweilige Verfügungen.

Das Verfahren gilt, auch wenn es mit der Hauptsache verbunden ist, als besonderer Rechtsstreit; es werden die Gebühren wie bei einem gewöhnlichen Prozeß erhoben. $^5/_{10}$ der Gebühren sind jedoch auf die entsprechenden Gebühren der Hauptsache anzurechnen (§ 28).

Anträge auf Sicherung des Beweises sowie im schiedsrichterlichen Verfahren (§ 22).

a) $^5/_{10}$ Prozeßgebühr,
b) $^5/_{10}$ Verhandlungsgebühr,
c) $^5/_{10}$ Beweisgebühr,
} bei Sicherung des Beweises jedoch nur, wenn die Hauptsache noch nicht anhängig ist (§ 30 Abs. 1 Nr. 1).

Verteilungsverfahren.

a) $^{5}/_{10}$ für die Vertretung im ganzen Verfahren (§ 39 Abs. 1);

b) $^{3}/_{10}$ falls der Auftrag vor dem Termine zur Ausführung der Verteilung erledigt wird (§ 39 Abs. 1).

Kostenfestsetzung.

$^{3}/_{10}$ für den Antrag auf Kostenfestsetzung (§ 23 Nr. 1, § 30 Abs. 1 Nr. 3 und Abs. 3).

Zwangsvollstreckung.

$^{3}/_{10}$ für jeden Antrag auf Zwangsvollstreckung (§ 23 Nr. 2, §§ 31 bis 36).

Rückgabe einer Sicherheit (§ 38 Nr. 2 D.GKG.).

$^{3}/_{10}$ für den Antrag (§ 23 Nr. 1, § 30 Abs. 1 Nr. 3 und Abs. 3).

Beschwerden usw. (§ 41).

a) $^{3}/_{10}$ §§ 13—17 } Vertretung in der Beschwerdeinstanz.

b) $^{3}/_{10}$ §§ 13—17 { Vertretung im Verfahren auf Änderung einer Entscheidung des beauftragten oder ersuchten Richters oder des Gerichtsschreibers.

Anrechnung der Prozeßgebühr im Falle der gewöhnlichen, nicht an eine Notfrist gebundenen Beschwerde (§ 41 Abs. 2).

Besondere Arten des Verfahrens, in denen Gebühren nur zum Ansatz kommen, soweit das besondere Verfahren von dem der Hauptsache getrennt ist oder, wenn im gleichzeitig anhängigen Verfahren der Hauptsache entsprechende Gebühren nicht zu erheben sind (vgl. auch §§ 25 bis 30).

a) $^{5}/_{10}$ §§ 13—17 { Angelegenheiten nach § 26 Nr. 1 bis 8 und 10 (ohne Nr. 9!) D.GKG., welche Seite 22 einzeln aufgeführt sind (§ 20; prozeßhindernde Einreden usw.); Nr. 9: Arreste und einstweilige Verfügungen siehe Seite 42.

b) $^{3}/_{10}$ §§ 13—17 } Nebenintervention (§ 23 Nr. 1);

c) $^{3}/_{10}$ §§ 13—17 } vorläufige Einstellung, Beschränkung oder Aufhebung der Zwangsvollstreckung (§ 23 Nr. 1);

d) $^{3}/_{10}$ §§ 13—17 } die im § 47 Nr. 1 bis 12 D.GKG. bezeichneten (hier nicht besonders aufgeführten) Angelegenheiten (§ 23 Nr. 1);

e) $^{2}/_{10}$ §§ 13—17 { Erteilung der Vollstreckungsklausel auf Anordnung des Vorsitzenden usw. und die im § 47 Nr. 15 und 16 D.GKG. bezeichneten (hier nicht besonders aufgeführten) Angelegenheiten (§ 24; vgl. jedoch § 35).

B. Konkursverfahren (Tabelle 8).

a) $^2/_{10}$ Vertretung des Gemeinschuldners, } im Verfahren über einen Antrag auf Eröffnung des Konkursverfahrens (§ 54);
b) $^5/_{10}$ Vertretung des Gläubigers, } im Verfahren über einen Antrag auf Eröffnung des Konkursverfahrens (§ 54);
c) $^6/_{10}$ Vertretung im ganzen Konkursverfahren (§ 55);
d) $^4/_{10}$ Vertretung im Konkursverfahren, falls sie sich vor dem allgem. Prüfungstermin erledigt oder erst nach diesem beginnt (§ 55);
e) $^{10}/_{10}$ für die Tätigkeit
   1. bei Prüfung der Forderungen,
   2. in dem Zwangsvergleichsverfahren,
   3. in dem Verteilungsverfahren,
   } und zwar für 1, 2 u. 3 besonders und neben der Gebühr zu c oder d (§ 56 Nr. 1, 2, 3);
f) $^2/_{10}$ Anmeldung einer Konkursforderung, falls sich die Tätigkeit des RA. hierauf beschränkt (§ 57).

Für die Vertretung in der Beschwerdeinstanz sowie in dem Verfahren über Anträge auf Anordnung von Sicherheitsmaßregeln im Falle des § 197 Abs. 2 KO. erhält der RA. die für bürgerliche Rechtsstreitigkeiten bestimmten Gebühren besonders (§ 58). Vgl. unter A: $^3/_{10}$ § 41 oder $^3/_{10}$ § 23.

Als Wert für die Kostenberechnung kommt in Betracht (§ 59)
1. bei Vertretung des Gemeinschuldners stets die Aktivmasse,
2. bei Vertretung eines Konkursgläubigers der Nennwert der Forderung; in den Fällen zu e 1 bis 3 oben (§ 56) sowie im Falle der Beschwerde gegen den Beschluß über die Bestätigung eines Zwangsvergleichs jedoch der Betrag der voraussichtlichen Dividende des Gläubigers gemäß § 148 KO.

C. Bürgerliche Rechtsstreitigkeiten in der Berufungs- und in der Revisionsinstanz (Tabelle 9).

Grundgebühr $1^3/_{10}$ der vollen Gebühr des § 9.

In der Berufungs- und in der Revisionsinstanz erhöhen sich die Gebührensätze um $^3/_{10}$ (§ 52); mit dieser Maßgabe sind die Vorschriften für die erste Instanz (unter A) entprechend anzuwenden.

D. Erhebung und Ablieferung von Geldern und Wertpapieren (Tabelle 10).

Nach dem Betrage des Geldes oder nach dem Werte der Wertpapiere sind die Gebühren der Tabelle 10 zu erheben (§ 87).

Tabelle 8.

Bürgerliche Rechtsstreitigkeiten erster Instanz und Konkurse.

Grundgebühr volle Gebühr des § 9.

Wertklasse bis einschließlich	Grundgebühr	Von der Grundgebühr betragen							Wertklasse bis einschließlich
		1½	1¼	6/10	5/10	4/10	3/10	2/10	
ℳ	ℳ	ℳ	ℳ	ℳ	ℳ	ℳ	ℳ	ℳ	ℳ
1	2	3	4	5	6	7	8	9	10
20	2	3	2,50	1,20	1	1	1	1	20
60	3	4,50	3,75	1,80	1,50	1,20	1	1	60
120	4	6	5	2,40	2	1,60	1,20	1	120
200	7	10,50	8,75	4,20	3,50	2,80	2,10	1,40	200
300	10	15	12,50	6	5	4	3	2	300
450	14	21	17,50	8,40	7	5,60	4,20	2,80	450
650	19	28,50	23,75	11,40	9,50	7,60	5,70	3,80	650
900	24	36	30	14,40	12	9,60	7,20	4,80	900
1 200	28	42	35	16,80	14	11,20	8,40	5,60	1 200
1 600	32	48	40	19,20	16	12,80	9,60	6,40	1 600
2 100	36	54	45	21,60	18	14,40	10,80	7,20	2 100
2 700	40	60	50	24	20	16	12	8	2 700
3 400	44	66	55	26,40	22	17,60	13,20	8,80	3 400
4 300	48	72	60	28,80	24	19,20	14,40	9,60	4 300
5 400	52	78	65	31,20	26	20,80	15,60	10,40	5 400
6 700	56	84	70	33,60	28	22,40	16,80	11,20	6 700
8 200	60	90	75	36	30	24	18	12	8 200
10 000	64	96	80	38,40	32	25,60	19,20	12,80	10 000
12 000	68	102	85	40,80	34	27,20	20,40	13,60	12 000
14 000	72	108	90	43,20	36	28,80	21,60	14,40	14 000
16 000	76	114	95	45,60	38	30,40	22,80	15,20	16 000
18 000	80	120	100	48	40	32	24	16	18 000
20 000	84	126	105	50,40	42	33,60	25,20	16,80	20 000
22 000	88	132	110	52,80	44	35,20	26,40	17,60	22 000
24 000	92	138	115	55,20	46	36,80	27,60	18,40	24 000
26 000	96	144	120	57,60	48	38,40	28,80	19,20	26 000
28 000	100	150	125	60	50	40	30	20	28 000
30 000	104	156	130	62,40	52	41,60	31,20	20,80	30 000
32 000	108	162	135	64,80	54	43,20	32,40	21,60	32 000
34 000	112	168	140	67,20	56	44,80	33,60	22,40	34 000

Noch: Tabelle 8. — Bürgerliche Rechtsstreitigkeiten erster Instanz und Konkurse.

Wertklasse bis einschließlich M	Grundgebühr M	Von der Grundgebühr betragen							Wertklasse bis einschließlich M
		1½ M	1¼ M	6/10 M	5/10 M	4/10 M	3/10 M	2/10 M	
1	2	3	4	5	6	7	8	9	10
36 000	116	174	145	69,60	58	46,40	34,80	23,20	36 000
38 000	120	180	150	72	60	48	36	24	38 000
40 000	124	186	155	74,40	62	49,60	37,20	24,80	40 000
42 000	128	192	160	76,80	64	51,20	38,40	25,60	42 000
44 000	132	198	165	79,20	66	52,80	39,60	26,40	44 000
46 000	136	204	170	81,60	68	54,40	40,80	27,20	46 000
48 000	140	210	175	84	70	56	42	28	48 000
50 000	144	216	180	86,40	72	57,60	43,20	28,80	50 000
52 000	147	220,50	183,75	88,20	73,50	58,80	44,10	29,40	52 000
54 000	150	225	187,50	90	75	60	45	30	54 000
56 000	153	229,50	191,25	91,80	76,50	61,20	45,90	30,60	56 000
58 000	156	234	195	93,60	78	62,40	46,80	31,20	58 000
60 000	159	238,50	198,75	95,40	79,50	63,60	47,70	31,80	60 000
62 000	162	243	202,50	97,20	81	64,80	48,60	32,40	62 000
64 000	165	247,50	206,25	99	82,50	66	49,50	33	64 000
66 000	168	252	210	100,80	84	67,20	50,40	33,60	66 000
68 000	171	256,50	213,75	102,60	85,50	68,40	51,30	34,20	68 000
70 000	174	261	217,50	104,40	87	69,60	52,20	34,80	70 000
72 000	177	265,50	221,25	106,20	88,50	70,80	53,10	35,40	72 000
74 000	180	270	225	108	90	72	54	36	74 000
76 000	183	274,50	228,75	109,80	91,50	73,20	54,90	36,60	76 000
78 000	186	279	232,50	111,60	93	74,40	55,80	37,20	78 000
80 000	189	283,50	236,25	113,40	94,50	75,60	56,70	37,80	80 000
82 000	192	288	240	115,20	96	76,80	57,60	38,40	82 000
84 000	195	292,50	243,75	117	97,50	78	58,50	39	84 000
86 000	198	297	247,50	118,80	99	79,20	59,40	39,60	86 000
88 000	201	301,50	251,25	120,60	100,50	80,40	60,30	40,20	88 000
90 000	204	306	255	122,40	102	81,60	61,20	40,80	90 000
92 000	207	310,50	258,75	124,20	103,50	82,80	62,10	41,40	92 000
94 000	210	315	262,50	126	105	84	63	42	94 000

Noch: Tabelle 8. — Bürgerliche Rechtsstreitigkeiten erster Instanz und Konkurse.

Wertklasse bis einschließlich ℳ	Grundgebühr ℳ	Von der Grundgebühr betragen							Wertklasse bis einschließlich ℳ
		1½ ℳ	1¼ ℳ	6/10 ℳ	5/10 ℳ	4/10 ℳ	3/10 ℳ	2/10 ℳ	
1	2	3	4	5	6	7	8	9	10
96 000	213	319,50	266,25	127,80	106,50	85,20	63,90	42,60	96 000
98 000	216	324	270	129,60	108	86,40	64,80	43,20	98 000
100 000	219	328,50	273,75	131,40	109,50	87,60	65,70	43,80	100 000
usw. mehr von weiteren je									usw. mehr von weiteren je
+ 2 000	+ 2	+ 3	+ 2,50	+ 1,20	+ 1	+ 0,80	+ 0,60	+ 0,40	+ 2 000
+ 4 000	+ 4	+ 6	+ 5	+ 2,40	+ 2	+ 1,60	+ 1,20	+ 0,80	+ 4 000
+ 6 000	+ 6	+ 9	+ 7,50	+ 3,60	+ 3	+ 2,40	+ 1,80	+ 1,20	+ 6 000
+ 8 000	+ 8	+ 12	+ 10	+ 4,80	+ 4	+ 3,20	+ 2,40	+ 1,60	+ 8 000
+ 10 000	+ 10	+ 15	+ 12,50	+ 6	+ 5	+ 4	+ 3	+ 2	+ 10 000
+ 20 000	+ 20	+ 30	+ 25	+ 12	+ 10	+ 8	+ 6	+ 4	+ 20 000
+ 30 000	+ 30	+ 45	+ 37,50	+ 18	+ 15	+ 12	+ 9	+ 6	+ 30 000
+ 40 000	+ 40	+ 60	+ 50	+ 24	+ 20	+ 16	+ 12	+ 8	+ 40 000
+ 50 000	+ 50	+ 75	+ 62,50	+ 30	+ 25	+ 20	+ 15	+ 10	+ 50 000
+ 60 000	+ 60	+ 90	+ 75	+ 36	+ 30	+ 24	+ 18	+ 12	+ 60 000
+ 70 000	+ 70	+ 105	+ 87,50	+ 42	+ 35	+ 28	+ 21	+ 14	+ 70 000
+ 80 000	+ 80	+ 120	+ 100	+ 48	+ 40	+ 32	+ 24	+ 16	+ 80 000
+ 90 000	+ 90	+ 135	+ 112,50	+ 54	+ 45	+ 36	+ 27	+ 18	+ 90 000
+ 100 000	+ 100	+ 150	+ 125	+ 60	+ 50	+ 40	+ 30	+ 20	+ 100 000
Stammsatz	119	178,50	148,75	71,40	59,50	47,60	35,70	23,80	Stammsatz

Beispiel zur Berechnung bei Werten von mehr als 100 000 ℳ siehe Seite 40.

Tabelle 9.

Bürgerliche Rechtsstreitigkeiten.

Berufungs- und Revisionsinstanz.

Wegen Anwendung der Tabelle siehe Seite 44.

Grundgebühr $1^{3}/_{10}$ der vollen Gebühr des § 9.

Wertklasse bis einschließlich	Grundgebühr	Von der Grundgebühr betragen						Wertklasse bis einschließlich
		$1^{1}/_{2}$	$1^{1}/_{4}$	6/10	5/10	3/10	2/10	
M	M	M	M	M	M	M	M	M
1	2	3	4	5	6	7	8	9
20	2,60	3,90	3,25	1,56	1,30	1	1	20
60	3,90	5,85	4,88	2,34	1,95	1,17	1	60
120	5,20	7,80	6,50	3,12	2,60	1,56	1,04	120
200	9,10	13,65	11,38	5,46	4,55	2,73	1,82	200
300	13	19,50	16,25	7,80	6,50	3,90	2,60	300
450	18,20	27,30	22,75	10,92	9,10	5,46	3,64	450
650	24,70	37,05	30,88	14,82	12,35	7,41	4,94	650
900	31,20	46,80	39	18,72	15,60	9,36	6,24	900
1 200	36,40	54,60	45,50	21,84	18,20	10,92	7,28	1 200
1 600	41,60	62,40	52	24,96	20,80	12,48	8,32	1 600
2 100	46,80	70,20	58,50	28,08	23,40	14,04	9,36	2 100
2 700	52	78	65	31,20	26	15,60	10,40	2 700
3 400	57,20	85,80	71,50	34,32	28,60	17,16	11,44	3 400
4 300	62,40	93,60	78	37,44	31,20	18,72	12,48	4 300
5 400	67,60	101,40	84,50	40,56	33,80	20,28	13,52	5 400
6 700	72,80	109,20	91	43,68	36,40	21,84	14,56	6 700
8 200	78	117	97,50	46,80	39	23,40	15,60	8 200
10 000	83,20	124,80	104	49,92	41,60	24,96	16,64	10 000
12 000	88,40	132,60	110,50	53,04	44,20	26,52	17,68	12 000
14 000	93,60	140,40	117	56,16	46,80	28,08	18,72	14 000
16 000	98,80	148,20	123,50	59,28	49,40	29,64	19,76	16 000
18 000	104	156	130	62,40	52	31,20	20,80	18 000
20 000	109,20	163,80	136,50	65,52	54,60	32,76	21,84	20 000
22 000	114,40	171,60	143	68,64	57,20	34,32	22,88	22 000
24 000	119,60	179,40	149,50	71,76	59,80	35,88	23,92	24 000
26 000	124,80	187,20	156	74,88	62,40	37,44	24,96	26 000
28 000	130	195	162,50	78	65	39	26	28 000
30 000	135,20	202,80	169	81,12	67,60	40,56	27,04	30 000
32 000	140,40	210,60	175,50	84,24	70,20	42,12	28,08	32 000
34 000	145,60	218,40	182	87,36	72,80	43,68	29,12	34 000

Noch: Tabelle 9. — Bürgerliche Rechtsstreitigkeiten. Berufungs- und Revisionsinstanz.

Wertklasse bis einschließlich	Grundgebühr	Von der Grundgebühr betragen						Wertklasse bis einschließlich
		1½	1¼	6/10	5/10	3/10	2/10	
ℳ	ℳ	ℳ	ℳ	ℳ	ℳ	ℳ	ℳ	ℳ
1	2	3	4	5	7	7	8	9
36 000	150,80	226,20	188,50	90,48	75,40	45,24	30,16	36 000
38 000	156	234	195	93,60	78	46,80	31,20	38 000
40 000	161,20	241,80	201,50	96,72	80,60	48,36	32,24	40 000
42 000	166,40	249,60	208	99,84	83,20	49,92	33,28	42 000
44 000	171,60	257,40	214,50	102,96	85,80	51,48	34,32	44 000
46 000	176,80	265,20	221	106,08	88,40	53,04	35,36	46 000
48 000	182	273	227,50	109,20	91	54,60	36,40	48 000
50 000	187,20	280,80	234	112,32	93,60	56,16	37,44	50 000
52 000	191,10	286,65	238,88	114,66	95,55	57,33	38,22	52 000
54 000	195	292,50	243,75	117	97,50	58,50	39	54 000
56 000	198,90	298,35	248,63	119,34	99,45	59,67	39,78	56 000
58 000	202,80	304,20	253,50	121,68	101,40	60,84	40,56	58 000
60 000	206,70	310,05	258,38	124,02	103,35	62,01	41,34	60 000
62 000	210,60	315,90	263,25	126,36	105,30	63,18	42,12	62 000
64 000	214,50	321,75	268,13	128,70	107,25	64,35	42,90	64 000
66 000	218,40	327,60	273	131,04	109,20	65,52	43,68	66 000
68 000	222,30	333,45	277,88	133,38	111,15	66,69	44,46	68 000
70 000	226,20	339,30	282,75	135,72	113,10	67,86	45,24	70 000
72 000	230,10	345,15	287,63	138,06	115,05	69,03	46,02	72 000
74 000	234	351	292,50	140,40	117	70,20	46,80	74 000
76 000	237,90	356,85	297,38	142,74	118,95	71,37	47,58	76 000
78 000	241,80	362,70	302,25	145,08	120,90	72,54	48,36	78 000
80 000	245,70	368,55	307,13	147,42	122,85	73,71	49,14	80 000
82 000	249,60	374,40	312	149,76	124,80	74,88	49,92	82 000
84 000	253,50	380,25	316,88	152,10	126,75	76,05	50,70	84 000
86 000	257,40	386,10	321,75	154,44	128,70	77,22	51,48	86 000
88 000	261,30	391,95	326,63	156,78	130,65	78,39	52,26	88 000
90 000	265,20	397,80	331,50	159,12	132,60	79,56	53,04	90 000
92 000	269,10	403,65	336,38	161,46	134,55	80,73	53,82	92 000
94 000	273	409,50	341,25	163,80	136,50	81,90	54,60	94 000

Noch: Tabelle 9. — Bürgerliche Rechtsstreitigkeiten. Berufungs- und Revisionsinstanz.

Wertklasse bis einschließlich	Grundgebühr	Von der Grundgebühr betragen						Wertklasse bis einschließlich
		1 1/2	1 1/4	6/10	5/10	3/10	2/10	
M	M	M	M	M	M	M	M	M
1	2	3	4	5	6	7	8	9
96 000	276,90	415,35	346,13	166,14	138,45	83,07	55,38	96 000
98 000	280,80	421,20	351	168,48	140,40	84,24	56,16	98 000
100 000	284,70	427,05	355,88	170,82	142,35	85,41	56,94	100 000
usw. **mehr** von weiteren je								usw. **mehr** von weiteren je
+ 2 000	+ 2,60	+ 3,90	+ 3,25	+ 1,56	+ 1,30	+ 0,78	+ 0,52	+ 2 000
+ 4 000	+ 5,20	+ 7,80	+ 6,50	+ 3,12	+ 2,60	+ 1,56	+ 1,04	+ 4 000
+ 6 000	+ 7,80	+ 11,70	+ 9,75	+ 4,68	+ 3,90	+ 2,34	+ 1,56	+ 6 000
+ 8 000	+ 10,40	+ 15,60	+ 13	+ 6,24	+ 5,20	+ 3,12	+ 2,08	+ 8 000
+ 10 000	+ 13	+ 19,50	+ 16,25	+ 7,80	+ 6,50	+ 3,90	+ 2,60	+ 10 000
+ 20 000	+ 26	+ 39	+ 32,50	+ 15,60	+ 13	+ 7,80	+ 5,20	+ 20 000
+ 30 000	+ 39	+ 58,50	+ 48,75	+ 23,40	+ 19,50	+ 11,70	+ 7,80	+ 30 000
+ 40 000	+ 52	+ 78	+ 65	+ 31,20	+ 26	+ 15,60	+ 10,40	+ 40 000
+ 50 000	+ 65	+ 97,50	+ 81,25	+ 39	+ 32,50	+ 19,50	+ 13	+ 50 000
+ 60 000	+ 78	+ 117	+ 97,50	+ 46,80	+ 39	+ 23,40	+ 15,60	+ 60 000
+ 70 000	+ 91	+ 136,50	+ 113,75	+ 54,60	+ 45,50	+ 27,30	+ 18,20	+ 70 000
+ 80 000	+ 104	+ 156	+ 130	+ 62,40	+ 52	+ 31,20	+ 20,80	+ 80 000
+ 90 000	+ 117	+ 175,50	+ 146,25	+ 70,20	+ 58,50	+ 35,10	+ 23,40	+ 90 000
+ 100 000	+ 130	+ 195	+ 162,50	+ 78	+ 65	+ 39	+ 26	+ 100 000
Stammsatz	154,70	232,05	193,38	92,82	77,35	46,41	30,94	Stammsatz

Beispiel zur Berechnung bei Werten von mehr als 100 000 M siehe Seite 40.

Tabelle 10.

Erhebung und Ablieferung von Geldern und Wertpapieren.

Wegen Anwendung der Tabelle siehe Seite 44.

Summe (Wert) bis einschl. ℳ	Gebühr § 87 bei Geldern ℳ	Gebühr § 87 bei Wertpapieren ℳ
1	2	3
100	1	0,50
200	2	1
300	3	1,50
400	4	2
500	5	2,50
600	6	3
700	7	3,50
800	8	4
900	9	4,50
1 000	10	5
1 100	10,50	5,25
1 200	11	5,50
1 300	11,50	5,75
1 400	12	6
1 500	12,50	6,25
1 600	13	6,50
1 700	13,50	6,75
1 800	14	7
1 900	14,50	7,25
2 000	15	7,50
2 100	15,50	7,75
2 200	16	8
2 300	16,50	8,25
2 400	17	8,50
2 500	17,50	8,75
2 600	18	9
2 700	18,50	9,25
2 800	19	9,50
2 900	19,50	9,75
3 000	20	10
3 100	20,50	10,25
3 200	21	10,50
3 300	21,50	10,75
3 400	22	11
3 500	22,50	11,25
3 600	23	11,50
3 700	23,50	11,75
3 800	24	12

Summe (Wert) bis einschl. ℳ	Gebühr § 87 bei Geldern ℳ	Gebühr § 87 bei Wertpapieren ℳ
1	2	3
3 900	24,50	12,25
4 000	25	12,50
4 100	25,50	12,75
4 200	26	13
4 300	26,50	13,25
4 400	27	13,50
4 500	27,50	13,75
4 600	28	14
4 700	28,50	14,25
4 800	29	14,50
4 900	29,50	14,75
5 000	30	15
5 100	30,50	15,25
5 200	31	15,50
5 300	31,50	15,75
5 400	32	16
5 500	32,50	16,25
5 600	33	16,50
5 700	33,50	16,75
5 800	34	17
5 900	34,50	17,25
6 000	35	17,50
6 100	35,50	17,75
6 200	36	18
6 300	36,50	18,25
6 400	37	18,50
6 500	37,50	18,75
6 600	38	19
6 700	38,50	19,25
6 800	39	19,50
6 900	39,50	19,75
7 000	40	20
7 100	40,50	20,25
7 200	41	20,50
7 300	41,50	20,75
7 400	42	21
7 500	42,50	21,25
7 600	43	21,50

Summe (Wert) bis einschließlich ℳ	Gebühr § 87 bei Geldern ℳ	Gebühr § 87 bei Wertpapieren ℳ
1	2	3
7 700	43,50	21,75
7 800	44	22
7 900	44,50	22,25
8 000	45	22,50
8 100	45,50	22,75
8 200	46	23
8 300	46,50	23,25
8 400	47	23,50
8 500	47,50	23,75
8 600	48	24
8 700	48,50	24,25
8 800	49	24,50
8 900	49,50	24,75
9 000	50	25
9 100	50,50	25,25
9 200	51	25,50
9 300	51,50	25,75
9 400	52	26
9 500	52,50	26,25
9 600	53	26,50
9 700	53,50	26,75
9 800	54	27
9 900	54,50	27,25
10 000	55	27,50
usw. mehr von weiteren je		
+ 100	+ 0,25	+0,125
+ 200	+ 0,50	+0,25
+ 300	+ 0,75	+0,375
+ 400	+ 1	+0,50
+ 500	+ 1,25	+0,625
+ 600	+ 1,50	+0,75
+ 700	+ 1,75	+0,875
+ 800	+ 2	+1
+ 900	+ 2,25	+1,125
+ 1 000	+ 2,50	+1,25
Stammsatz	30	15

Berechnung bei Werten von mehr als 10 000 ℳ nach Anleitung des Beispiels auf Seite 40.

Strafsachen.

1. Öffentliches Verfahren.

Verteidigung in der Hauptverhandlung erster Instanz (§ 63)

vor dem Schöffengerichte	12 ℳ	für den ersten Tag, für jeden weiteren Tag der Hauptverhandlung die Hälfte mehr (§ 64 Abs. 1).
vor der Strafkammer	20 „	
vor dem Schwurgericht oder dem Reichsgerichte	40 „	

In der Berufungs- und in der Revisionsinstanz erhält der RA. die gleiche Gebühr nach der Ordnung des erkennenden Gerichts erster Instanz (§ 66).

2. Privatklageverfahren.

Verteidigung in der Hauptverhandlung jeder Instanz (§ 63)
ohne Rücksicht auf die Zahl der Tage (§ 64 Abs. 2) . . . 12 ℳ,
falls eine Beweisaufnahme stattfindet (§§ 63, 65, 66) . . 18 „.

3. Vorverfahren (§ 67; auch im Falle einer Privatklage usw.).

Verteidigung (Vertretung) in Sachen, welche gehören

zur Zuständigkeit	der Schöffengerichte	6 ℳ,
	der Strafkammer	10 „,
	der Schwurgerichte oder des Reichsgerichts	20 „.

Anfertigung einer Privatklage fällt unter § 67 Nr. 1 (§ 73 Abs. 2) = 6 ℳ.

Anfertigung eines Antrags an das Oberlandesgericht oder das Reichsgericht auf gerichtliche Entscheidung im Falle des § 170 StPO. fällt unter § 67 (§ 74).

4. Anfertigung

a) einer Schrift zur Rechtfertigung der Berufung, b) einer Schrift zur Begründung der Revision, c) eines Wiederaufnahmeantrags, d) eines Gnadengesuchs,	6 ℳ, 10 ℳ oder 20 ℳ, je nachdem ob das Schöffengericht, die Strafkammer oder das Schwurgericht (Reichsgericht) in erster Instanz erkannt hat (§ 68).

Bei a und b ist die Gebühr für Einlegung des Rechtsmittels (§ 69) anzurechnen (§ 71).

5. Für **Einlegung eines Rechtsmittels** sowie für Anfertigung anderer, als der unter 4 bezeichneten Anträge, Gesuche und Erklärungen erhält der RA. je 2 ℳ (§ 69; vgl. § 70).

6. Vertretung eines **Privatklägers** oder **Nebenklägers** usw.

Die Vorschriften über die Gebühren für Verteidigung finden entsprechende Anwendung (§ 73).

Bei Verteidigung (Vertretung) **mehrerer Beschuldigter** (Privatkläger usw.) erhöhen sich die Gebühren um 5/10 (§ 72).

Kostenfestsetzung und Zwangsvollstreckung wie in bürgerlichen Rechtsstreitigkeiten (§ 75).

Anhang.

Landesgesetzliche Vorschriften Preußens über die Gebühren der Rechtsanwälte.

Anwendungsgebiet.

Soweit die Vergütung der Rechtsanwälte nicht reichsgesetzlich geregelt ist, findet in Preußen das Gesetz, enthaltend die landesgesetzlichen Vorschriften über Gebühren der Rechtsanwälte usw. vom $\frac{\text{27. 9. 99 GesS. S. 381}}{\text{21. 3. 10 GesS. S. 15*)}}$ Anwendung.

Pauschsatz und Schreibgebühren.

(Artikel 14a.)

a) Der **einzelne Pauschsatz** beträgt unter Abrundung auf 10 nach oben
20 vom Hundert
der zum Ansatze gelangenden Gebühr,
mindestens 1 *M*
und
höchstens 20 *M*,
in den Fällen der **Artikel 4 bis 7** (Zwangsversteigerung, Zwangsverwaltung, Verteilungsverfahren nach Artikel 6, Zwangsliquidation einer Bahneinheit) jedoch
mindestens 2 *M*
und
höchstens 30 *M*.

b) Stehen dem RA. in derselben Angelegenheit die nach den **Artikeln 8 bis 11** (Schriftsätze, Termine, Rat und Besprechung) anzusetzenden Gebühren mehrfach oder nebeneinander zu, so beträgt der Pauschsatz von dem gemäß Artikel 10 und 12 zu berechnenden Gesamtbetrage der Gebühren unter Abrundung auf 10 nach oben
mindestens 3 *M*
und
höchstens 50 *M*.

---

*) Das Gesetz v. 21. 3. 10 (ausgegeben zu Berlin am 22. 3. 10) hat Gesetzeskraft vom 5. 4. 10 ab.

c) Neben den Pauschsätzen stehen dem RA. **Schreibgebühren** in der auf Seite 38 angegebenen Höhe zu:
   1. für die auf besonderes Verlangen gefertigten Abschriften;
   2. für ein Schreibwerk, soweit es außerhalb des Rahmens einer gebührenpflichtigen Tätigkeit entsteht.

d) Das **Porto** des RA. (d. h. seiner eigenen Sendungen) fällt unter den Pauschsatz.

Soweit **Artikel 13** (Angelegenheiten der nichtstreitigen Rechtspflege) in Frage kommt, werden die Herstellung des Schreibwerks und die Auslagen an Postgebühren nach den für die Notare geltenden Vorschriften vergütet. Die Pauschalierung ist für die GebO. der Notare noch nicht eingeführt; ein entsprechender Gesetzentwurf ist aber dem Landtage bereits vorgelegt und die Pauschalierung mit 10 vom Hundert einer jeden Gebühr (Mindestsatz 50 Pf., Höchstsatz 20 *M*) in Aussicht genommen.

Anwendungsgebiet der Tabelle 11.

Angelegenheiten der streitigen Rechtspflege.

Grundgebühr: volle Gebühr des Artikels 3.

Zwangsversteigerung.

a) $^3/_{10}$ Vertretung bis zur Einleitung des Verteilungsverfahrens (Art. 4 Abs. 1 Nr. 1);

b) $^3/_{10}$ Vertretung im Verteilungsverfahren (Art. 4 Abs. 1 Nr. 2, auch für Mitwirkung bei einer außergerichtlichen Verteilung, Art. 4, Abs. 3);

c) $^3/_{10}$ als Vertreter des Antragstellers für Wahrnehmung des Versteigerungstermins (Art. 4 Abs. 2).

Zwangsverwaltung.

a) $^2/_{10}$ jährlich Vertretung des Gläubigers, des Schuldners oder des Konkursverwalters einschließlich der Vertretung im Verteilungsverfahren (Art. 5 Abs. 1; siehe auch unter c);

b) $^3/_{10}$ Vertretung eines anderen Beteiligten im Verteilungsverfahren; einmalige Gebühr, nicht jährlich (Art. 6);

c) $^3/_{10}$ Vertretung des Antragstellers; einmalige Gebühr, nicht jährlich, neben der Gebühr zu a (Art. 5 Abs. 2).

Wenn sich die Tätigkeit des RA. auf die Vertretung in dem Verfahren wegen Anordnung der Zwangsverwaltung beschränkt, erhält er nur $^3/_{10}$ der vollen Gebühr (Art. 5 Abs. 3).

Andere Verteilungsverfahren (außerhalb einer Zwangsversteigerung oder einer Zwangsverwaltung).

3/10 Vertretung in dem Verteilungsverfahren (Art. 6, wie Art. 4 Abs. 1 Nr. 2).

Zwangsliquidation einer Bahneinheit.

a) 3/10 Vertretung eines Beteiligten (Art. 7);

b) 3/10 Vertretung des Antragstellers — neben der Gebühr zu a — in der Versammlung der Bahnpfandgläubiger (Art. 7).

Schriftsätze.

a) 2/10 Anträge, Erklärungen und Beschwerden bei Behörden (Art. 8 Abs. 1).

Hat der RA. die einem Antrag oder einer Erklärung zu Grunde liegende Urkunde entworfen, so steht ihm für den Antrag (Erklärung) eine Gebühr nur zu, wenn sie auch dem Notar nach § 9 Abs. 2 GebO. f. Notare zustehen würde, und zwar dann in gleicher Höhe (Art. 8 Abs. 2).

b) 1/10 Schreiben an Privatpersonen (Art. 9 Abs. 1).

Wegen Schreiben an den Auftraggeber siehe Art. 9 Abs. 2.

Zu a und b: Wegen des Gesamtbetrags vgl. Art. 12.

Termine.

a) 3/10 Wahrnehmung eines Termins (des ersten) } Art. 10 Abs. 1.

b) 2/10 Wahrnehmung eines ferneren Termins } Art. 10 Abs. 1.

Die Summe der Gebühren zu a und b in einer Instanz darf nicht mehr betragen, als die volle Gebühr des Art. 3 (Art. 10 Abs. 2).

Rat und Besprechung.

1/10 Erteilung eines Rates sowie für eine Besprechung, falls nicht eine Gebühr nach Art. 8 bis 10 anzusetzen ist (Art. 11).

Wegen des Gesamtbetrags vgl. Art. 12.

Tabelle 11.

Landesgesetzliche Gebühren der Rechtsanwälte in Preußen.

Art. 3 des Gesetzes vom $\frac{\text{27. 9. 99 (GesS. S. 381)}}{\text{21. 3. 10 (GesS. S. 15)}}$.

Wertklasse bis einschließlich	Grundgebühr	Bruchteile der Grundgebühr		
		3/10	2/10	1/10
M	M	M	M	M
1	2	3	4	5
20	2	1	1	1
60	3	1	1	1
120	4	1,20	1	1
200	7	2,10	1,40	1
300	10	3	2	1
450	14	4,20	2,80	1,40
650	19	5,70	3,80	1,90
900	24	7,20	4,80	2,40
1 200	28	8,40	5,60	2,80
1 600	32	9,60	6,40	3,20
2 100	36	10,80	7,20	3,60
2 700	40	12	8	4
3 400	44	13,20	8,80	4,40
4 300	48	14,40	9,60	4,80
5 400	52	15,60	10,40	5,20
6 700	56	16,80	11,20	5,60
8 200	60	18	12	6
10 000	64	19,20	12,80	6,40
12 500	68	20,40	13,60	6,80
15 000	72	21,60	14,40	7,20
17 500	76	22,80	15,20	7,60
20 000	80	24	16	8
25 000	85	25,50	17	8,50
30 000	90	27	18	9
35 000	95	28,50	19	9,50
40 000	100	30	20	10
45 000	105	31,50	21	10,50
50 000	110	33	22	11
55 000	115	34,50	23	11,50
60 000	120	36	24	12
65 000	125	37,50	25	12,50
70 000	130	39	20	13
75 000	135	40,50	27	13,50
80 000	140	42	28	14
85 000	145	43,50	29	14,50
90 000	150	45	30	15
95 000	155	46,50	31	15,50
100 000	160	48	32	16
110 000	165	49,50	33	16,50
120 000	170	51	34	17
130 000	175	52,50	35	17,50
140 000	180	54	36	18
150 000	185	55,50	37	18,50
160 000	190	57	38	19
170 000	195	58,50	39	19,50
180 000	200	60	40	20
190 000	205	61,50	41	20,50
200 000	210	63	42	21
210 000	215	64,50	43	21,50
220 000	220	66	44	22
230 000	225	67,50	45	22,50
240 000	230	69	46	23
250 000	235	70,50	47	23,50
260 000	240	72	48	24
270 000	245	73,50	49	24,50
280 000	250	75	50	25
290 000	255	76,50	51	25,50
300 000	260	78	52	26
usw. mehr bis 1 000 000 von weiteren je				
+ 25 000	+ 5	+ 1,50	+ 1	+ 0,50
+ 50 000	+ 10	+ 3	+ 2	+ 1
+ 75 000	+ 15	+ 4,50	+ 3	+ 1,50
+ 100 000	+ 20	+ 6	+ 4	+ 2
+ 200 000	+ 40	+12	+ 8	+ 4
+ 300 000	+ 60	+18	+ 12	+ 6
+ 400 000	+ 80	+24	+ 16	+ 8
+ 500 000	+ 100	+30	+ 20	+10

Noch: Tabelle 11 Art. 3 der landesges. (preuß.) Vorschriften über die Gebühren der RA.

Wertklasse bis einschließlich M	Grundgebühr M	Bruchteile der Grundgebühr 3/10 M	2/10 M	1/10 M
1	2	3	4	5
+ 600 000	+ 120	+36	+ 24	+12
+ 700 000	+ 140	+42	+ 28	+14
also bei 1 000 000	400	120	80	40
darüber von weiteren je				
+ 50 000	+ 5	+ 1,50	+ 1	+ 0,50
+ 100 000	+ 10	+ 3	+ 2	+ 1
+ 200 000	+ 20	+ 6	+ 4	+ 2
+ 300 000	+ 30	+ 9	+ 6	+ 3

Wertklasse bis einschließlich M	Grundgebühr M	Bruchteile der Grundgebühr 3/10 M	2/10 M	1/10 M
1	2	3	4	5
+ 400 000	+ 40	+12	+ 8	+ 4
+ 500 000	+ 50	+15	+ 10	+ 5
+ 600 000	+ 60	+18	+ 12	+ 6
+ 700 000	+ 70	+21	+ 14	+ 7
+ 800 000	+ 80	+24	+ 16	+ 8
+ 900 000	+ 90	+27	+ 18	+ 9
+ 1 000 000	+ 100	+30	+ 20	+10
Stammsatz*)	300	90	60	30

*) Der Stammsatz bezieht sich nur auf die Werte von mehr als 1 000 000 M.

Für die Werte von 300 000 M bis 1 000 000 M ist nur das Beispiel A, für die Werte von mehr als 1 000 000 M sind die Beispiele A und B auf Seite 40 sinngemäß anzuwenden.

Angelegenheiten der nichtstreitigen Rechtspflege (Art. 13).

Auf die Anfertigung des Entwurfs eines Rechtsgeschäfts und die Vermittlung einer Auseinandersetzung sowie auf den Empfang, die Verwahrung und die Auszahlung von Geldern und Wertpapieren in Angelegenheiten, die nicht zur streitigen Rechtspflege gehören, findet die GebO. für Notare entsprechende Anwendung (Art. 13).

Der Entwurf eines Gesetzes, betr. Abänderung der GebO. f. Notare, und der Entwurf eines Gesetzes, betr. Abänderung des Pr.GKG., dessen Vorschriften auch für die Gebühren der Notare maßgebend sind, unterliegen z. Z. den Beratungen des Landtags.

Die Tabelle 12 ergibt die Gebühren für den Empfang, die Verwahrung und die Auszahlung von Geldern und Wertpapieren in Angelegenheiten der nichtstreitigen Rechtspflege. (§ 13 Geb.O. f. Notare.)

Von der Grundgebühr der Tabelle 12 sind hiernach zu erheben:

	bei Geldern	bei Wertpapieren
1. im Falle des Empfanges zur Auszahlung (Ablieferung) an dritte Personen für Rechnung des Auftraggebers	10/10	5/10
2. im Falle der Erhebung von dritten Personen für Rechnung des Auftraggebers	20/10	10/10.

Eine Änderung dieser Gebühren ist nach dem dem Landtage vorliegenden Regierungsentwurfe nicht beabsichtigt.

Tabelle 12.

Erhebung und Auszahlung (Ablieferung) von Geldern (Wertpapieren) in Angelegen- der nichtstreitigen Rechtspflege.

(Art. 13 d. landesgesetzl. Geb.-Vorschr. f. RA. u. § 13 Geb.O. f. Notare in Preußen.)

Wert bis einschließl. ℳ	Gebühr 10/10 ℳ	Gebühr 20/10 ℳ	Gebühr 5/10 ℳ
1	2	3	4
50	0,40	0,80	0,20
100	0,60	1,20	0,30
150	0,80	1,60	0,40
200	1	2	0,50
250	1,20	2,40	0,60
300	1,40	2,80	0,70
350	1,60	3,20	0,80
400	1,80	3,60	0,90
500	2	4	1
600	2,20	4,40	1,10
700	2,40	4,80	1,20
800	2,60	5,20	1,30
900	2,80	5,60	1,40
1 000	3	6	1,50
1 200	3,20	6,40	1,60
1 400	3,40	6,80	1,70
1 600	3,60	7,20	1,80
1 800	3,80	7,60	1,90
2 000	4	8	2
2 200	4,20	8,40	2,10
2 400	4,40	8,80	2,20
2 600	4,60	9,20	2,30
2 800	4,80	9,60	2,40
3 000	5	10	2,50
3 200	5,20	10,40	2,60

Wert bis einschl. ℳ	Gebühr 10/10 ℳ	Gebühr 20/10 ℳ	Gebühr 5/10 ℳ
1	2	3	4
3 400	5,40	10,80	2,70
3 600	5,60	11,20	2,80
3 800	5,80	11,60	2,90
4 000	6	12	3
4 200	6,20	12,40	3,10
4 400	6,40	12,80	3,20
4 600	6,60	13,20	3,30
4 800	6,80	13,60	3,40
5 000	7	14	3,50
5 200	7,20	14,40	3,60
5 400	7,40	14,80	3,70
5 600	7,60	15,20	3,80
5 800	7,80	15,60	3,90
6 000	8	16	4
6 200	8,20	16,40	4,10
6 400	8,40	16,80	4,20
6 600	8,60	17,20	4,30
6 800	8,80	17,60	4,40
7 000	9	18	4,50
7 200	9,20	18,40	4,60
7 400	9,40	18,80	4,70
7 600	9,60	19,20	4,80
7 800	9,80	19,60	4,90
8 000	10	20	5
8 200	10,20	20,40	5,10

Wert bis einschließlich ℳ	Gebühr 10/10 ℳ	Gebühr 20/10 ℳ	Gebühr 5/10 ℳ
1	2	3	4
8 400	10,40	20,80	5,20
8 600	10,60	21,20	5,30
8 800	10,80	21,60	5,40
9 000	11	22	5,50
9 200	11,20	22,40	5,60
9 400	11,40	22,80	5,70
9 600	11,60	23,20	5,80
9 800	11,80	23,60	5,90
10 000	12	24	6
usw. **mehr** von weiteren je			
+ 500	+ 0,20	+ 0,40	+ 0,10
+ 1 000	+ 0,40	+ 0,80	+ 0,20
+ 2 000	+ 0,80	+ 1,60	+ 0,40
+ 3 000	+ 1,20	+ 2,40	+ 0,60
+ 4 000	+ 1,60	+ 3,20	+ 0,80
+ 5 000	+ 2	+ 4	+ 1
+ 6 000	+ 2,40	+ 4,80	+ 1,20
+ 7 000	+ 2,80	+ 5,60	+ 1,40
+ 8 000	+ 3,20	+ 6,40	+ 1,60
+ 9 000	+ 3,60	+ 7,20	+ 1,80
+10 000	+ 4	+ 8	+ 2
Stammsatz	8	16	4

Berechnung bei Werten von mehr als 10 000 ℳ nach Anleitung des Beispiels auf Seite 40.

Druck von Otto Walter, Berlin S. 14.

Druck von Otto Walter, Berlin S. 14.

Nachtrag

zu den

vom Amtsgerichtssekretär Ziehl herausgegebenen

Gebühren-Tabellen

für das

Deutsche Gerichtskostengesetz

und die

Gebührenordnung für Rechtsanwälte.

Nach den **Artikeln VIII und IX des Gesetzes**, betreffend die **Zuständigkeit des Reichsgerichts**, vom 22. Mai 1910 (RGBl. S. 767) sind **für bürgerliche Rechtsstreitigkeiten in der Revisionsinstanz**

die Gerichtsgebühren auf das Doppelte,
die Rechtsanwaltsgebühren auf $1^5/_{10}$ } der Gebühren erster Instanz

festgesetzt. Diese Änderung findet auf alle Rechtsmittel gegen die Entscheidungen der Oberlandesgerichte Anwendung, welche am **1. Juni 1910** oder später verkündet oder von Amts wegen zugestellt werden (Art. XI).

Noch eine geraume Zeit werden mithin die alten Gebühren Anwendung finden. Soweit die neuen Gebühren zu erheben sind, greifen folgende Ergänzungen Platz:

1. Seite 14 Zeile 5 von oben ist zu setzen:
   Revisionsinstanz: Grundgebühr $^{20}/_{10}$ der vollen Gebühr des § 8 (Tabelle 3 (neu)).
2. An die Stelle der Tabelle 3 Seite 17 tritt die Tabelle 3 (neu) Seite 63.
3. Seite 18 Zeile 15 von unten und Seite 19 letzte Zeile über der Tabelle ist zu setzen:
   Revisionsinstanz: Grundgebühr $^{20}/_{10}$ von $^{6}/_{10} = {}^{12}/_{10}$.

4. An die Stelle der Spalten 9, 10 und 11 der Tabelle 4 Seite 19 treten die Spalten 9, 10 und 11 der Tabelle 4 (neu) Seite 65.

5. Seite 22 Zeile 6 von oben ist zu setzen:
   Revisionsinstanz: Grundgebühr $^{20}/_{10}$ von $^{5}/_{10} = ^{10}/_{10}$.

6. Seite 23 Zeile 7 von oben ist zu setzen:
   Revisionsinstanz: Grundgebühr $^{20}/_{10}$ von $^{3}/_{10} = ^{6}/_{10}$.

7. An die Stelle der Spalten 10 und 11 der Tabelle 5 Seite 23 treten die Spalten 10 und 11 der Tabelle 5 (neu) Seite 67.

8. Seite 44 ist als Abschnitt C. zu setzen:

   C. Bürgerliche Rechtsstreitigkeiten in der Berufungs- und in der Revisionsinstanz (Tabellen 9 und 9a (neu)).

   Berufungsinstanz: Grundgebühr $1^{3}/_{10}$ der vollen Gebür des § 9 (Tabelle 9 Seite 48).

   Revisionsinstanz: Grundgebühr $1^{5}/_{10}$ der vollen Gebühr des § 9 (Tabelle 9a (neu) Seite 69).

   Unter Berücksichtigung dieser Grundgebühren sind die Vorschriften für die erste Instanz (unter A Seite 40 ff.) entsprechend anzuwenden.

9. Seite 48, 49 und 50 ist am Kopfe der Tabelle 9 statt der Worte „Berufungs- und Revisionsinstanz" zu setzen: „Berufungsinstanz".

10. Als neue Tabelle ist die **Tabelle 9a (neu)** Seite 69 einzustellen.

Tabelle 3 (neu).

Revisionsinstanz.

Gewöhnliche Prozesse sowie Klagen in Ehe-, Kindschafts- und Entmündigungssachen.

Grundgebühr $^{20}/_{10}$ der vollen Gebühr des § 8.

Wegen Anwendung der Tabelle siehe Seite 14.

Wertklasse bis einschließlich	Grundgebühr	$^5/_{10}$	$^3/_{10}$	$^1/_{10}$
		der Grundgebühr in Spalte 2		
ℳ	ℳ	ℳ	ℳ	ℳ
1	2	3	4	5
20	2	1	0,60	0,20
60	4,80	2,40	1,50	0,50
120	9,20	4,60	2,80	1
200	15	7,50	4,50	1,50
300	22	11	6,60	2,20
450	30	15	9	3
650	40	20	12	4
900	52	26	15,60	5,20
1 200	64	32	19,20	6,40
1 600	76	38	22,80	7,60
2 100	88	44	26,40	8,80
2 700	100	50	30	10
3 400	112	56	33,60	11,20
4 300	124	62	37,20	12,40
5 400	136	68	40,80	13,60
6 700	148	74	44,40	14,80
8 200	162	81	48,60	16,20
10 000	180	90	54	18
12 000	200	100	60	20
14 000	220	110	66	22
16 000	240	120	72	24
18 000	260	130	78	26
20 000	280	140	84	28
22 000	300	150	90	30
24 000	320	160	96	32
26 000	340	170	102	34
28 000	360	180	108	36
30 000	380	190	114	38
32 000	400	200	120	40
34 000	420	210	126	42
36 000	440	220	132	44
38 000	460	230	138	46
40 000	480	240	144	48
42 000	500	250	150	50
44 000	520	260	156	52
46 000	540	270	162	54
48 000	560	280	168	56
50 000	580	290	174	58
52 000	600	300	180	60
54 000	620	310	186	62
56 000	640	320	192	64
58 000	660	330	198	66
60 000	680	340	204	68
62 000	700	350	210	70
64 000	720	360	216	72
66 000	740	370	222	74
68 000	760	380	228	76
70 000	780	390	234	78
72 000	800	400	240	80
74 000	820	410	246	82
76 000	840	420	252	84
78 000	860	430	258	86
80 000	880	440	264	88
82 000	900	450	270	90
84 000	920	460	276	92
86 000	940	470	282	94
88 000	960	480	288	96
90 000	980	490	294	98
92 000	1 000	500	300	100
94 000	1 020	510	306	102

Noch: Tabelle 3 (neu). — Gewöhnliche Prozesse in der Revisionsinstanz.

Wertklasse bis einschließlich	Grundgebühr	5/10	3/10	1/10
		der Grundgebühr in Spalte 2		
M	M	M	M	M
1	2	3	4	5
96 000	1 040	520	312	104
98 000	1 060	530	318	106
100 000	1 080	540	324	108
usw.				
mehr von weiteren je				
+ 2 000	+ 20	+ 10	+ 6	+ 2
+ 4 000	+ 40	+ 20	+ 12	+ 4
+ 6 000	+ 60	+ 30	+ 18	+ 6
+ 8 000	+ 80	+ 40	+ 24	+ 8
+ 10 000	+ 100	+ 50	+ 30	+ 10

Wertklasse bis einschließlich	Grundgebühr	5/10	3/10	1/10
		der Grundgebühr in Spalte 2		
M	M	M	M	M
1	2	3	4	5
+ 20 000	+ 200	+ 100	+ 60	+ 20
+ 30 000	+ 300	+ 150	+ 90	+ 30
+ 40 000	+ 400	+ 200	+ 120	+ 40
+ 50 000	+ 500	+ 250	+ 150	+ 50
+ 60 000	+ 600	+ 300	+ 180	+ 60
+ 70 000	+ 700	+ 350	+ 210	+ 70
+ 80 000	+ 800	+ 400	+ 240	+ 80
+ 90 000	+ 900	+ 450	+ 270	+ 90
+ 100 000	+ 1 000	+ 500	+ 300	+ 100
Stammsatz	80	40	24	8

Beispiel zur Berechnung bei Werten von mehr als 100 000 M siehe Seite 7 u. 8.

Tabelle 4 (neu).

Urkunden- und Wechselprozesse (§ 25).

Revisionsinstanz.

Wegen Anwendung der Tabelle siehe Seite 18.

Grundgebühr 12/10 der vollen Gebühr.

Wertklasse bis einschließlich	Grundgebühr	5/10 der Grundgebühr in Spalte 9	1/10 der Grundgebühr in Spalte 9	Wertklasse bis einschließlich	Grundgebühr	5/10 der Grundgebühr in Spalte 9	1/10 der Grundgebühr in Spalte 9
M	M	M	M	M	M	M	M
1	9	10	11	1	9	10	11
20	1,20	0,60	0,20	36 000	264	132	26,40
60	2,90	1,50	0,30	38 000	276	138	27,60
120	5,60	2,80	0,60	40 000	288	144	28,80
200	9	4,50	0,90	42 000	300	150	30
300	13,20	6,60	1,40	44 000	312	156	31,20
450	18	9	1,80	46 000	324	162	32,40
650	24	12	2,40	48 000	336	168	33,60
900	31,20	15,60	3,20	50 000	348	174	34,80
1 200	38,40	19,20	3,90	52 000	360	180	36
1 600	45,60	22,80	4,60	54 000	372	186	37,20
2 100	52,80	26,40	5,30	56 000	384	192	38,40
2 700	60	30	6	58 000	396	198	39,60
3 400	67,20	33,60	6,80	60 000	408	204	40,80
4 300	74,40	37,20	7,50	62 000	420	210	42
5 400	81,60	40,80	8,20	64 000	432	216	43,20
6 700	88,80	44,40	8,90	66 000	444	222	44,40
8 200	97,20	48,60	9,80	68 000	456	228	45,60
10 000	108	54	10,80	70 000	468	234	46,80
12 000	120	60	12	72 000	480	240	48
14 000	132	66	13,20	74 000	492	246	49,20
16 000	144	72	14,40	76 000	504	252	50,40
18 000	156	78	15,60	78 000	516	258	51,60
20 000	168	84	16,80	80 000	528	264	52,80
22 000	180	90	18	82 000	540	270	54
24 000	192	96	19,20	84 000	552	276	55,20
26 000	204	102	20,40	86 000	564	282	56,40
28 000	216	108	21,60	88 000	576	288	57,60
30 000	228	114	22,80	90 000	588	294	58,80
32 000	240	120	24	92 000	600	300	60
34 000	252	126	25,20	94 000	612	306	61,20

Noch: Tabelle 4 (neu).

Urkunden- und Wechselprozesse (§ 25). — Revisionsinstanz.

Wertklasse bis einschließlich	Grundgebühr	5/10 der Grundgebühr in Spalte 9	1/10 der Grundgebühr in Spalte 9
ℳ	ℳ	ℳ	ℳ
1	9	10	11
96 000	624	312	62,40
98 000	636	318	63,60
100 000	648	324	64,80
usw. mehr von weiteren je			
+ 2 000	+ 12	+ 6	+ 1,20
+ 4 000	+ 24	+ 12	+ 2,40
+ 6 000	+ 36	+ 18	+ 3,60
+ 8 000	+ 48	+ 24	+ 4,80
+ 10 000	+ 60	+ 30	+ 6

Wertklasse bis einschließlich	Grundgebühr	5/10 der Grundgebühr in Spalte 9	1/10 der Grundgebühr in Spalte 9
ℳ	ℳ	ℳ	ℳ
1	9	10	11
+ 20 000	+120	+ 60	+12
+ 30 000	+180	+ 90	+18
+ 40 000	+240	+120	+24
+ 50 000	+300	+150	+30
+ 60 000	+360	+180	+36
+ 70 000	+420	+210	+42
+ 80 000	+480	+240	+48
+ 90 000	+540	+270	+54
+ 100 000	+600	+300	+60
Stammsatz	48	24	4,80

Beispiel zur Berechnung bei Werten von mehr als 100 000 ℳ siehe Seite 7 u. 8.

Tabelle 5 (neu).

Die Akte der §§ 26, 27 u. 29 D.GKG.

Revisionsinstanz.

Wegen Anwendung der Tabelle siehe Seite 22.

Wertklasse bis einschließlich ℳ	§§ 26, 29. Grundgebühr (volle Gebühr) ℳ	§ 27. Grundgebühr (6/10 der vollen Gebühr) ℳ	Wertklasse bis einschließlich ℳ	§§ 26, 29. Grundgebühr (volle Gebühr) ℳ	§ 27. Grundgebühr (6/10 der vollen Gebühr) ℳ
1	10	11	1	10	11
20	1	0,60	36 000	220	132
60	2,40	1,50	38 000	230	138
120	4,60	2,80	40 000	240	144
200	7,50	4,50	42 000	250	150
300	11	6,60	44 000	260	156
450	15	9	46 000	270	162
650	20	12	48 000	280	168
900	26	15,60	50 000	290	174
1 200	32	19,20	52 000	300	180
1 600	38	22,80	54 000	310	186
2 100	44	26,40	56 000	320	192
2 700	50	30	58 000	330	198
3 400	56	33,60	60 000	340	204
4 300	62	37,20	62 000	350	210
5 400	68	40,80	64 000	360	216
6 700	74	44,40	66 000	370	222
8 200	81	48,60	68 000	380	228
10 000	90	54	70 000	390	234
12 000	100	60	72 000	400	240
14 000	110	66	74 000	410	246
16 000	120	72	76 000	420	252
18 000	130	78	78 000	430	258
20 000	140	84	80 000	440	264
22 000	150	90	82 000	450	270
24 000	160	96	84 000	460	276
26 000	170	102	86 000	470	282
28 000	180	108	88 000	480	288
30 000	190	114	90 000	490	294
32 000	200	120	92 000	500	300
34 000	210	126	94 000	510	306

Noch: Tabelle 5 (neu).

Die Akte der §§ 26, 27 u. 29 D.GKG. — Revisionsinstanz.

Wertklasse bis einschließlich ℳ	§§ 26. 29. Grundgebühr (volle Gebühr) ℳ	§ 27. Grundgebühr ($^{6}/_{10}$ der vollen Gebühr) ℳ
1	10	11
96 000	520	312
98 000	530	318
100 000	540	324
usw. mehr von weiteren je		
+ 2 000	+ 10	+ 6
+ 4 000	+ 20	+ 12
+ 6 000	+ 30	+ 18
+ 8 000	+ 40	+ 24
+ 10 000	+ 50	+ 30
+ 20 000	+100	+ 60
+ 30 000	+150	+ 90
+ 40 000	+200	+120
+ 50 000	+250	+150
+ 60 000	+300	+180
+ 70 000	+350	+210
+ 80 000	+400	+240
+ 90 000	+450	+270
+ 100 000	+500	+300
Stammsatz	40	24

Beispiel zur Berechnung bei Werten von mehr als 100000 ℳ siehe Seite 7 u. 8.

Ges. v. 22. 5. 10 (RGBl. S. 767).

Tabelle 9a (neu).

Bürgerliche Rechtsstreitigkeiten.

Revisionsinstanz.

Wegen Anwendung der Tabelle siehe Seite 44.

Grundgebühr 15/10 der vollen Gebühr des § 9.

Wertklasse bis einschließlich	Grundgebühr	Von der Grundgebühr betragen					
		1½	1¼	6/10	5/10	3/10	2/10
ℳ	ℳ	ℳ	ℳ	ℳ	ℳ	ℳ	ℳ
1	2	3	4	5	6	7	8
20	3	4,50	3,75	1,80	1,50	1	1
60	4,50	6,75	5,63	2,70	2,25	1,35	1
120	6	9	7,50	3,60	3	1,80	1,20
200	10,50	15,75	13,13	6,30	5,25	3,15	2,10
300	15	22,50	18,75	9	7,50	4,50	3
450	21	31,50	26,25	12,60	10,50	6,30	4,20
650	28,50	42,75	35,63	17,10	14,25	8,55	5,70
900	36	54	45	21,60	18	10,80	7,20
1 200	42	63	52,50	25,20	21	12,60	8,40
1 600	48	72	60	28,80	24	14,40	9,60
2 100	54	81	67,50	32,40	27	16,20	10,80
2 700	60	90	75	36	30	18	12
3 400	66	99	82,50	39,60	33	19,80	13,20
4 300	72	108	90	43,20	36	21,60	14,40
5 400	78	117	97,50	46,80	39	23,40	15,60
6 700	84	126	105	50,40	42	25,20	16,80
8 200	90	135	112,50	54	45	27	18
10 000	96	144	120	57,60	48	28,80	19,20
12 000	102	153	127,50	61,20	51	30,60	20,40
14 000	108	162	135	64,80	54	32,40	21,60
16 000	114	171	142,50	68,40	57	34,20	22,80
18 000	120	180	150	72	60	36	24
20 000	126	189	157,50	75,60	63	37,80	25,20
22 000	132	198	165	79,20	66	39,60	26,40
24 000	138	207	172,50	82,80	69	41,40	27,60
26 000	144	216	180	86,40	72	43,20	28,80
28 000	150	225	187,50	90	75	45	30
30 000	156	234	195	93,60	78	46,80	31,20
32 000	162	243	202,50	97,20	81	48,60	32,40
34 000	168	252	210	100,80	84	50,40	33,60

Noch: Tabelle 9a (neu). — Bürgerliche Rechtsstreitigkeiten. Revisionsinstanz.

Wertklasse bis einschließlich ℳ	Grundgebühr ℳ	Von der Grundgebühr betragen					
		1½ ℳ	1¼ ℳ	6/10 ℳ	5/10 ℳ	3/10 ℳ	2/10 ℳ
1	2	3	4	5	6	7	8
36 000	174	261	217,50	104,40	87	52,20	34,80
38 000	180	270	225	108	90	54	36
40 000	186	279	232,50	111,60	93	55,80	37,20
42 000	192	288	240	115,20	96	57,60	38,40
44 000	198	297	247,50	118,80	99	59,40	39,60
46 000	204	306	255	122,40	102	61,20	40,80
48 000	210	315	262,50	126	105	63	42
50 000	216	324	270	129,60	108	64,80	43,20
52 000	220,50	330,75	275,63	132,30	110,25	66,15	44,10
54 000	225	337,50	281,25	135	112,50	67,50	45
56 000	229,50	344,25	286,88	137,70	114,75	68,85	45,90
58 000	234	351	292,50	140,40	117	70,20	46,80
60 000	238,50	357,75	298,13	143,10	119,25	71,55	47,70
62 000	243	364,50	303,75	145,80	121,50	72,90	48,60
64 000	247,50	371,25	309,38	148,50	123,75	74,25	49,50
66 000	252	378	315	151,20	126	75,60	50,40
68 000	256,50	384,75	320,63	153,90	128,25	76,95	51,30
70 000	261	391,50	326,25	156,60	130,50	78,30	52,20
72 000	265,50	398,25	331,88	159,30	132,75	79,65	53,10
74 000	270	405	337,50	162	135	81	54
76 000	274,50	411,75	343,13	164,70	137,25	82,35	54,90
78 000	279	418,50	348,75	167,40	139,50	83,70	55,80
80 000	283,50	425,25	354,88	170,10	141,75	85,05	56,70
82 000	288	432	360	172,80	144	86,40	57,60
84 000	292,50	438,75	365,63	175,50	146,25	87,75	58,50
86 000	297	445,50	371,25	178,20	148,50	89,10	59,40
88 000	301,50	452,25	376,88	180,90	150,75	90,45	60,30
90 000	306	459	382,50	183,60	153	91,80	61,20
92 000	310,50	465,75	388,13	186,30	155,25	93,15	62,10
94 000	315	472,50	393,75	189	157,50	94,50	63

Noch: Tabelle 9a (neu). — Bürgerliche Rechtsstreitigkeiten. Revisionsinstanz.

Wertklasse bis einschließlich	Grundgebühr	Von der Grundgebühr betragen					
		1½	1¼	6/10	5/10	3/10	2/10
M	M	M	M	M	M	M	M
1	2	3	4	5	6	7	8
96 000	319,50	479,25	399,38	191,70	159,75	95,85	63,90
98 000	324	486	405	194,40	162	97,20	64,80
100 000	328,50	492,75	410,63	197,10	164,25	98,55	65,70
usw. mehr von weiteren je							
+ 2 000	+ 3	+ 4,50	+ 3,75	+ 1,80	+ 1,50	+ 0,90	+ 0,60
+ 4 000	+ 6	+ 9	+ 7,50	+ 3,60	+ 3	+ 1,80	+ 1,20
+ 6 000	+ 9	+ 13,50	+ 11,25	+ 5,40	+ 4,50	+ 2,70	+ 1,80
+ 8 000	+ 12	+ 18	+ 15	+ 7,20	+ 6	+ 3,60	+ 2,40
+ 10 000	+ 15	+ 22,50	+ 18,75	+ 9	+ 7,50	+ 4,50	+ 3
+ 20 000	+ 30	+ 45	+ 37,50	+ 18	+ 15	+ 9	+ 6
+ 30 000	+ 45	+ 67,50	+ 56,25	+ 27	+ 22,50	+ 13,50	+ 9
+ 40 000	+ 60	+ 90	+ 75	+ 36	+ 30	+ 18	+ 12
+ 50 000	+ 75	+ 112,50	+ 93,75	+ 45	+ 37,50	+ 22,50	+ 15
+ 60 000	+ 90	+ 135	+ 112,50	+ 54	+ 45	+ 27	+ 18
+ 70 000	+ 105	+ 157,50	+ 131,25	+ 63	+ 52,50	+ 31,50	+ 21
+ 80 000	+ 120	+ 180	+ 150	+ 72	+ 60	+ 36	+ 24
+ 90 000	+ 135	+ 202,50	+ 168,75	+ 81	+ 67,50	+ 40,50	+ 27
+ 100 000	+ 150	+ 225	+ 187,50	+ 90	+ 75	+ 45	+ 30
Stammsatz	178,50	267,75	223,13	107,10	89,25	53,55	35,70

Beispiel zur Berechnung bei Werten von mehr als 100 000 M siehe Seite 40.

Die durch das Gesetz vom 22. Mai 1910 bedingte Änderung der Gebührensätze nebst Tabellen findet sich abgedruckt im Nachtrag Seite 61 ff.

Kolibri 360 GmbH
Ferdinand-Jühlke-Straße 7
99095 Erfurt, Deutschland
produktsicherheit@kolibri360.de